für immer

Georg Metger

für immer

Die unfassbare Tat von Rupperswil und ihre Folgen

Geschrieben von Franziska K. Müller

WÖRTERSEH

*Wörterseh wird vom Bundesamt für Kultur mit einem
Strukturbeitrag für die Jahre 2016 bis 2020 unterstützt
und dankt herzlich dafür.*

Juristisches Lektorat: Markus Leimbacher, Rechtsanwalt, Brugg
Lektorat: Lydia Zeller, Zürich
Korrektorat: Claudia Bislin, Zürich
Lektoratsleitung und Koordination: Andrea Leuthold, Zürich
Umschlaggestaltung: Thomas Jarzina, Holzkirchen
Layout, Satz und herstellerische Betreuung:
Beate Simson, Pfaffenhofen a. d. Roth
Druck und Bindung: CPI – Ebner & Spiegel, Ulm

Print ISBN 978-3-03763-084-6
E-Book ISBN 978-3-03763-710-4

www.woerterseh.ch

Für Carla, Dion, Davin und Simona

INHALTSVERZEICHNIS

PROLOG

Das schriftliche Festhalten der schrecklichen Geschehnisse, denen ich ausgesetzt war, hatte in der schlimmsten Zeit meines Lebens eine heilende Wirkung. Bevor ich mich dazu entschloss, alles aufzuschreiben, bewirkten der gewaltsame Tod meiner Partnerin und ihrer Kinder, die ich als Familie empfand, und die sich danach überschlagenden Ereignisse ein mentales und psychisches Chaos in mir. Eindrücke, Visionen, tausend Fragen und Gedanken beschäftigten mich Tag und Nacht. Ich verlor die Orientierung, die Belastung wurde unerträglich. Dann endlich begann ich zu schreiben, und bereits nach den ersten Notizen bemerkte ich, wie sich manches klärte, später half es mir, anderes sogar loszulassen. Ordnen und gewichten, das alles half mir, zu überleben: Vor dem Hintergrund unglaublicher Anschuldigungen, denen ich in der Zeit der Trauer ausgesetzt war, ohne dass ich mich hätte wehren können, wollte ich festhalten, wie es wirklich war.

Ich hatte dann das Glück, dass mich eine langjährige Freundin auf die Verlegerin Gabriella Baumann-von Arx aufmerksam machte und den Kontakt zu ihr herstellte. Ich lernte sie in einem frühen Stadium kennen, als der Täter noch nicht gefasst war. Wir trafen uns, redeten stundenlang. Sie vertraute mir, nie hatte ich das Gefühl, sie sehe mich als eventuellen Täter. Sie unterstützte mich, mein Buchprojekt zu realisieren, das daraufhin in enger Zusammenarbeit mit Franziska K. Müller entstanden ist. Das jetzt vorliegende Buch erzählt meine unglaubliche und verstörende Geschichte, es macht auf Versäumnisse und Missstände aufmerksam und auf die vielen Konsequenzen, die mit einem Verbrechen verbunden sind. Es hat mir geholfen, die Tragödie zu verarbeiten, und hat mir Linderung verschafft. Die Tantiemen werde ich für wohltätige Zwecke spenden.

Mein größter Wunsch ist es, dass mit diesem Buch Carla, Dion, Davin und Simona, die mir und uns auf die denkbar schrecklichste Art und Weise entrissen wurden, niemals in Vergessenheit geraten und nicht nur als Opfer in Erinnerung bleiben, sondern als das, was sie waren: einzigartige, wunderbare Menschen.

Georg Metger, im Juli 2017

DER DUNKELSTE TAG

Carlas lange Haare sind zerzaust, ihr kluger Blick ist auf den Bildschirm des Handys gerichtet. Im Bett sitzend, ist sie auf der Suche nach letzten Weihnachtsgeschenken. Davin, ihr Jüngster, wünscht sich neue Fußballschuhe. Dion, der Ältere, ist ein Mode-Fan und wird sich über einen entsprechenden Gutschein freuen. Engelsfiguren und Kerzen schmücken das ganze Haus. Selbst gebackene Lebkuchen und anderes Gebäck liegen bereits in hübschen Blechdosen bereit. Der Tannenbaum steht im Wohnzimmer. Carla und ich wollen ihn am 23. Dezember gemeinsam schmücken, ein Ritual, seit vielen Jahren. Die Frau, die meinem Leben Sinn und Kraft gibt, greift lächelnd nach der Tasse Milchkaffee, die ich ihr ans Bett serviere. Sie atmet den Duft mit geschlossenen Augen ein, trinkt in kleinen Schlucken, genussvoll. Diese frühmorgendliche Normalität, verbunden mit der berechtigten Hoffnung auf eine glückliche Zukunft, hat sich für immer in meinem Herzen eingebrannt.

Die Kinder schlafen noch. Ich erinnere mich nicht an ihre letzten Sätze, doch an den Abend zuvor, das gemeinsame Essen, das Gelächter, die familiäre Geborgenheit. Erinnere mich an den Nachmittag, den ich mit Davin im Kino verbracht habe. »Star Wars«. Auf dem Heimweg hat er mich zum Dank umarmt, und ich wusste, dass ich ihm nicht nur ein Freund, sondern auch zum

Vaterersatz geworden bin. Manchmal sitzt auch Simona bei uns am Esstisch, erzählt über ihr Engagement in der Jungschar, über ihre Passion, das Tanzen. Seit einem Jahr sind sie und Dion ein Paar, und manchmal übernachtet sie auch ganz spontan bei ihm. Sie weiß, sie ist jederzeit willkommen, und steigt dann leise in den ausgebauten Dachstock, den Carla und ich für Dion geräumt haben. Auch jetzt, als ich das Haus verlasse, deuten winzig scheinende Turnschuhe im Eingangsbereich auf Simonas Anwesenheit hin. Es ist 7 Uhr 25. Ich küsse Carla zum Abschied und weiß nicht, dass es ein Abschied für immer sein wird. Als ich die Haustür hinter mir ins Schloss ziehe, gebe ich Carla und die Kinder nichts ahnend der Schutzlosigkeit preis.

Wir leben im Spitzbirrli-Quartier, einer beschaulichen Wohngegend von Rupperswil. Kinder können hier allein draußen spielen, die Haustüren werden offen gelassen. Man glaubt, einander zu kennen, meint, einander vertrauen zu können. Zumindest den Menschen, die sich in der kleinen Siedlung über den Weg laufen. Carlas Einfamilienhaus liegt in einer Sackgasse, was zusätzliche Sicherheit vermittelt. Draußen ist es noch dunkel, als ich zum Auto gehe, Windlichter und Laternen schmücken unseren Hauseingang, in anderen Vorgärten stehen beleuchtete Rentiere und blinkende Schneemänner. Es ist ein ganz normaler Montagmorgen.

Die Ruhe und die Sicherheit werden sich als Lügen erweisen: Während sich Davin in seine Decke kuschelt, Simona im Arm von Dion liegt und Carla den Morgen genießt, denkt ein paar Häuser weiter jemand über unsere Vernichtung nach. Hätte man etwas bemerken müssen, eine Zweideutigkeit in der Luft, die auf das bevorstehende Schicksal hinwies? Auf manche Fragen gibt es keine Antworten, das weiß ich heute und weiß auch, dass mein

Weggang nicht nur erwartet, sondern auch beobachtet wird. Am frühen Morgen des 21. Dezember 2015 fahre ich durch die beschaulichen Straßen unseres Quartiers und lasse mir auf dem Weg nach Aarau verschiedene Menüvorschläge für Silvester durch den Kopf gehen. Carla und ich werden den Jahreswechsel zum ersten Mal allein verbringen. Als ich den Wagen in der Tiefgarage am Hauptsitz meines Arbeitgebers parkiere, steht der erste Gang fest: gebratene Jakobsmuscheln auf einer Avocadomousse.

Die Budgetsitzung, an der ich als Niederlassungsleiter der Region Aarau teilnehme, dauert knapp zwei Stunden. Gegen zehn Uhr befinde ich mich bereits auf dem Weg nach Lenzburg. In der dortigen Bankniederlassung arbeite ich seit vielen Jahren als Filialleiter. Ich ahne nichts, ich spüre nichts, aber bereits auf meiner Rückfahrt von Aarau nach Lenzburg muss Carla massiven Bedrohungen ausgesetzt gewesen sein. Zu diesem Zeitpunkt hat sie am Bankomaten in Rupperswil Geld bezogen. Da – wie später bekannt wird – die Schweizer-Franken-Funktion außer Betrieb ist, kann sie lediglich 1000 Euro abheben. Um 10 Uhr 10 trifft sie am Schalter der Aargauischen Kantonalbank in Wildegg ein und lässt sich 9850 Schweizer Franken in einer mysteriös erscheinenden Stückelung aushändigen.

Dort macht eine Überwachungskamera das letzte Bild von Carla. Wie oft ich diese Aufnahme betrachtet und nach Erklärungen gesucht habe, kann ich nicht mehr sagen. Carla ist auf dem Bild ungeschminkt, die Haare hat sie vermutlich mit einem schnellen Griff zusammengebunden – eine Geste, die ich oft erlebt habe, bei Tisch oder wenn die Haarpracht sie bei anderen Tätigkeiten störte. Ihre Mimik ist angespannt, und die Unterzeichnung des Empfangsbelegs geschieht abwehrend, so empfinde ich es. Gleichzeitig wirkt sie auf mich aber auch entschieden und gefasst. Als müsse erledigt werden, was keine Alternative zulässt. In ihren Gesichtszügen erkenne ich keine Panik, und ich bin sicher, dass sie zu diesem Zeitpunkt der Überzeugung ist, dass die Kinder, die sich in der Gewalt des Täters befinden, überleben werden. Doch das Schicksal ist längst festgeschrieben, die geschürte Hoffnung nichts als Bestandteil eines Plans, der in einem unfassbar schrecklichen Szenario endet.

Carla schlägt nicht Alarm, obwohl am Bankschalter ein ehemaliger Zollbeamter sitzt, den sie persönlich kennt. Man weiß nicht genau, was Opfer eines Gewaltverbrechens durchmachen, welche Gefühle und Gedanken sie leiten und aus welchen Überlegungen sie in einer Extremsituation Entscheidungen treffen, die das Risiko schrecklicher Konsequenzen möglichst klein halten sollen. Was ich aber mit absoluter Sicherheit weiß: Niemals hätte Carla die Kinder allein zurückgelassen und sich in Sicherheit gebracht. Niemals hätte sie Dion, Davin und Simona einer noch so geringen Gefahr ausgesetzt. Sie erfüllt die Anweisungen des Täters, verzichtet auf das Einschalten der Polizei oder anderer Personen, um ganz sicher zu sein, dass den Kindern nichts passiert. Dann kehrt sie zu ihnen zurück. Was geschehen wäre, wenn sie anders gehandelt hätte – das werden wir nie wissen.

Um 11 Uhr 40 ruft mich Carlas Vater im Geschäft an. Bei uns zu Hause brenne es, sagt er. Während mein Hirn seine Nachrichten und Informationen aufnimmt und verarbeitet, bleibt das Bewusstsein schwer von Begriff. Ich erinnere mich daran, dass mich das Wort »Ambulanz« mehr beunruhigte als das Wort »Feuerwehr«, an die rasante Autofahrt nach Rupperswil und an die zahlreichen Geschwindigkeitsübertretungen, die ich auf dieser Strecke begehe. Während ich fahre, auch das weiß ich noch, spiele ich verschiedene Szenarien durch, die zu einem Brand hätten führen können. Ich bin sicher, dass Carla, die ja bereits wach war, als ich das Haus verließ, die Kinder rechtzeitig wecken und in Sicherheit bringen konnte. Gleichzeitig mache ich mir Vorwürfe. Ist mir am Vorabend eine brennende Kerze entgangen? Dann ein unfassbarer Gedanke, der mich, wie ich heute überzeugt bin, vor dem späteren Zusammenbruch bewahren wird: Könnte es sein, dass jemand im Feuer gestorben ist?

Von weit her sehe ich eine dunkle Rauchsäule in den winterlichen Himmel steigen. Angst durchflutet mich. Vor meinem Zuhause sind unzählige Menschen versammelt: Nachbarn, Neugierige, erste Medienleute, die Feuerwehr, die Polizei und ein Krankenwagen. Lärm und Ruhe wechseln sich ab. Ich sehe Rauch aufsteigen. Ich will zum Haus, aber man lässt mich nicht durch. Ich stelle mich der Amtsperson vor, und als ich als Angehöriger identifiziert worden bin, wird mir ein Polizeibeamter zur Seite gestellt. Es dauert einen Moment, bis sich meine Verwirrung legt und ich ihn fragen kann: »Wo ist Carla, wo sind die Kinder?«

Ich erlebe ein Flashback. Jahre zuvor erlitt ein Arbeitskollege während eines Firmenausflugs einen Herzinfarkt. Eben hatten wir noch zusammen gescherzt, waren in die Klettergurte gestiegen, um im Team die künstlichen Felswände zu erklimmen, als er sich während einer Kletterpause plötzlich ans Herz fasste und zusammensackte. Alle Rettungsversuche waren vergeblich. Wir mussten sein plötzliches Sterben miterleben. Es war eine Erfahrung, auf die niemand je vorbereitet sein kann. In den Sekunden vor seinem Tod erfasste ich die gesamte Situation und wusste, dass wir gerade eine Katastrophe erlebten.

Auch jetzt betrachte ich das Geschehen von außen, sehe das Unglück mit absoluter Sicherheit auf mich zukommen. Menschen rennen durcheinander, andere stehen mit schockierten Mienen auf dem Vorplatz. Sie reden. Sie schweigen. Sie weinen.

In meinem Kopf ist es sehr still. Dann trifft mich ein Bild mit unglaublicher Wucht. Die Sanitäter sind um ihr Fahrzeug versammelt, untätig. Warum retten sie niemanden? Warum retten sie nicht Carla, Dion, Davin und Simona, die doch noch im Haus sein müssen? Zwei Sanitäter treten aus unserer Haustür, die Bahre, die sie tragen, ist leer. Meine verzweifelten Fragen, die ich den Polizisten, die neben mir stehen, stelle, werden nicht beantwortet, im Gegenteil. Sie stellen mir Gegenfragen, um meine Person einordnen zu können. Sie möchten wohl in Erfahrung bringen, ob ich mit den Geschehnissen etwas zu tun habe. Ich erhalte keinerlei Informationen, nichts, nicht den kleinsten Hinweis und meine, die Wahrheit bereits zu kennen. Meine Vermutung, dass alle vier an einer Rauchvergiftung gestorben sein müssen, verbinde ich mit der irrsinnigen Hoffnung, jemand möge doch überlebt haben.

Carlas Eltern sitzen abgeschirmt in ihrem Auto. Sie sind sehr traurig, das sehe ich. Rösly winkt mir mit Tränen in den Augen zu. Ich will zu ihnen, werde aber zurückgehalten, darf nicht mit ihnen sprechen, und instinktiv weiß ich, dass etwas im Raum steht, das für Unklarheit sorgt. Mein Körper befindet sich in einem Schockzustand, reagiert jedoch beherrscht. Im Kopf bin ich klar, normal und rational denkend. Ich funktioniere, ich fasse Gedanken, ziehe Schlüsse, und die folgende Situation erscheint mir als absurd. Ich sitze wenig später in einem Fahrzeug der Polizei, ein Polizist nimmt neben mir Platz, blickt mich an. Ich empfinde beinahe Mitleid für den Beamten, denn ich ahne, dass er mir eine schreckliche Nachricht überbringen muss. Und dann sagt er es: »Es sind vier Menschen tot.« Ich höre die Worte wie aus weiter Ferne und denke, es müssen Carla, Dion, Davin und Simona sein. Ich weiß, dass er nicht lügt, und glaube es doch nicht. Mein Hirn funktioniert jetzt wie ein Computer mit eingebauter Firewall. Die ganze Tragweite der Information dringt nicht zu mir durch.

Auf der Fahrt ins Polizeikommando Aarau wird mir eröffnet, dass keine Nachlässigkeit zu dieser Katastrophe geführt hat, kein Unfall, den man als höhere Fügung bezeichnen könnte. Der Polizeibeamte spricht von Dritteinwirkung. Was das genau bedeutet, muss er mir erklären. Er sagt: »Es war Absicht.« Dann: »Es war menschlicher Wille.« Und als ich immer noch nichts begreife: »Es war ein Verbrechen.« Ich höre zu und nicke, nach wie vor ohne etwas zu verstehen, ich kann nicht verarbeiten, was er sagt, und gerate in einen Zustand der Apathie und der Verneinung. Der Polizist redet jetzt von »Brandbeschleuniger«. Heute weiß ich, dass man bereits zu diesem Zeitpunkt denkt, ich könnte der Verursacher des Unfassbaren sein und über Täterwissen verfügen, weshalb man mich im Glauben lässt, dass Carla und die Kinder in einem absichtlich gelegten Feuer umgekommen sind. Rückblickend war es eine Gnade, dass ich die wirkliche Todesursache erst später erfahre.

Bei der darauf folgenden Vernehmung glaube ich, als Angehöriger befragt zu werden. Als sie meine Hände und Nägel auf Rußspuren untersuchen, sagen die Beamten, es handle sich um eine Routineuntersuchung. Erst als ich meinen Tagesablauf akribisch schildern und viele seltsame Fragen beantworten muss, beginne ich zu ahnen, dass man mich als Verdächtigen qualifiziert. Vier geliebte Menschen sind tot. Kein Unfall. Ein Verbrechen. Und ich – ich werde verdächtigt, ihr Mörder zu sein. Den damit verbundenen Seelenzustand kann ich nicht in Worte fassen. Schmerz und Trauer erfahren eine neue, eine überwältigende Dimension. Ich möchte tot sein und weiß nicht, welche bösen Kräfte das Weiterleben erzwingen. Wieso hört mein Herz nicht einfach auf zu schlagen? Bereits habe ich Mobiltelefon und Kleidung abgeben müssen, bekomme Trainerhosen und Plastikschuhe ausgehändigt. Man begleitet mich zur Toilette. Ich sehe, dass die Kleidungsstücke ohne Bändel sind. Man hält mich offenbar für suizidgefährdet.

In den folgenden Stunden müssen die Auswertungen verschiedenster Informationen und Befragungen wiederholt der Staatsanwaltschaft vorgelegt werden. Diese formuliert neue Fragen, die mir abermals vorgetragen werden. Einmal entsteht eine Pause, und zum ersten Mal seit vielen Stunden bin ich allein. Ich sitze in einem grell erleuchteten, spartanisch eingerichteten Büro. Ein Wachmann steht vor der Tür. Carla, Dion, Davin und Simona sind tot. Es kann nicht sein. Es darf nicht sein. Bis jetzt hatte ich meine Emotionen irgendwie unter Kontrolle, jetzt weine ich zum ersten Mal. Hemmungslos. Die Unfassbarkeit führt paradoxerweise zu einem klaren Gedanken: Ich gehe von einem Raubmord aus. Der oder die Täter waren auf der Suche nach Geld. Im Haus eines Bankdirektors vermuteten sie eine ergiebige Beute. Etwas anderes kann ich mir nicht vorstellen.

Wenig später tritt der Polizist wieder ins Büro. Er setzt sich mir gegenüber und blickt mir in die Augen. Er sagt »Messer«, sagt »Stichwunden«. Ich habe keinen Nervenzusammenbruch. Ich weine nicht mehr. Es gibt kein Ventil für die überwältigende Furcht, die mich erfasst, und erneut denke ich, dass meine Arbeit und meine Stellung Grund für das Verbrechen sein müssen.

Ich bin in diesem Moment überzeugt davon, für das, was geschehen ist, verantwortlich zu sein, anders, als es der Polizist vielleicht vermutet, aber dennoch schuldig. Ich denke an Rösly und Georges, meine Schwiegereltern, wie ich sie nenne, auch wenn Carla und ich nicht verheiratet waren. Für ein paar Sekunden sehe ich sie im Korridor des Polizeipräsidiums, als ich zur Toilette geführt werde. Sie sind am Boden zerstört, und doch winken sie mir zu.

Ich spüre ihre Zuneigung und ihr Mitgefühl, weiß sofort, dass sie mich nicht für den Täter halten und weniger schlecht über mich denken als ich selbst. Andere Angehörige und meine beiden leiblichen Söhne werden an diesem Tag ebenfalls befragt, wie ich später erfahre. Mirco, damals neunzehnjährig, muss Auskunft über mich geben, eine Einschätzung zur Beziehung von Carla und mir abgeben und auch sein Alibi nennen, das wie meines überprüft wird. Auch Fabio, damals zwölf, wird auf das Polizeikommando in Aarau geholt und ebenfalls befragt. Er glaubt, dass ich der vierte Tote bin. Er ist verzweifelt und erkundigt sich während der Befragungen immer wieder nach meinem Verbleib, erhält die erlösende Nachricht aber nicht. Es sind, wie er mir später erzählen wird, die schlimmsten Stunden seines Lebens.

Zwölf Stunden verbringe ich auf dem Polizeikommando, einem Kosmos, der, wie ich jetzt weiß, nach eigenen Regeln funktioniert. Es ist nach Mitternacht, als Mirco und ich zum gleichen Zeitpunkt entlassen werden. Mein Sohn umarmt mich. Wir blicken in die Nacht hinaus, fühlen uns beide absolut leer.

Die Welt ist mir innerhalb eines Tages fremd geworden. Das Unfassbare kann jederzeit geschehen. Wenn der Anschlag meiner Person gegolten hat, was auch von den ermittelnden Beamten nicht ganz ausgeschlossen wird, wie man mir gesagt hat, könnten die Täter zurückkommen, ihr Werk weiterführen und vollenden wollen. Mir ist dieser Gedanke egal, aber meine Söhne muss ich schützen. Fabio wohnt bei Danira, seiner Mutter, meiner Exfrau, Mirco hat in Niederlenz eine Wohnung. Man verspricht mir, dass eine Polizeipatrouille seine Adresse in den kommenden Wochen regelmäßig kontrollieren wird. Eine Patrouille wird uns in dieser

Nacht auch auf unseren Wunsch hin zum Haus im Spitzbirrli-Quartier bringen.

Im Polizeiauto nehme ich mein Handy zur Hand, das man mir, nachdem man es stundenlang konfisziert hatte, wieder ausgehändigt hat, und sehe, dass besorgte, verstörte und schockierte Menschen im Verlauf des Tages unzählige SMS und Combox-Nachrichten hinterlassen haben. Unvermittelt hält das Auto. Unser Haus ist großräumig abgesperrt, und es wird durch Beamte bewacht. Zu Fuß gehen Mirco und ich weiter. Unsere Ankunft ist durch einen Polizeibeamten angekündigt worden, wir werden durchgelassen.

Die vielen Menschen – Nachbarn, Polizisten, Schaulustige und Medienvertreter –, die das Gelände am Mittag bevölkert haben, sind jetzt verschwunden, auch die Fahrzeuge von Feuerwehr, Ambulanz und privaten Fernsehstationen. Der Lärm hat sich, ebenso wie die Hoffnung, verflüchtigt. Es herrscht dunkle Nacht, der Himmel ist ohne Sterne. Doch bald erblicken wir ein Lichtermeer, und als wir näher zum Haus treten, sehen wir Hunderte von Kerzen in allen Größen und Farben, auch kleine Engelsfiguren, Blumen, Zeichnungen und Briefe. Warum? So lautet die häufigste Frage der Menschen. Ich spüre Mitgefühl und Unterstützung, und sekundenschnell wird meine Ungläubigkeit zu einer kalten Gewissheit: Es ist wahr, es hat stattgefunden.

Wir möchten bei Carlas Eltern sein, bei Rösly und Georges. Als Mirco und ich wenig später zu ihrem Haus gelangen, sind zwei Fenster schwach erleuchtet, wir klingeln und werden sofort eingelassen. Manuel, Carlas Bruder, mein Freund seit Kindheitstagen, ist wie erwartet ebenfalls anwesend. Wir sehen uns an, schweigend. Die Unfähigkeit, wirklich zu erfassen, was geschehen ist, verbindet uns wie ein unsichtbares Band. Dann beginnt mein

Schwiegervater zu erzählen: Dass er und Rösly am Morgen alles für das Weihnachtsessen bei Carla vorbeibringen wollten, sahen, wie es brannte, und er sofort in die oberen Stockwerke gelangen wollte, dass die Rauchentwicklung sich aber als zu stark erwies, er den Rückzug antreten musste und die von der Nachbarin alarmierte Feuerwehr eintraf. Als Georges mich im Geschäft anrief und in gefassten Worten mitteilte, dass unser Zuhause brenne, wusste er bereits, dass das Schreckliche wahr sein könnte.

Wir weinen gemeinsam, sitzen erschöpft zusammen und verabschieden uns gegen 3 Uhr 30. Ich übernachte bei Mirco, finde keinen Schlaf. Bald wird es hell. Sonnenlicht drängt durch den fahlen Winterhimmel, Autos fahren vorbei. Im Treppenhaus wird gelacht. Ich bin durstig, trinke ein Glas Wasser. Es fühlt sich ungeheuerlich an. Es fühlt sich falsch an. Das Leben ohne Carla und die Kinder hat begonnen.

STILLE NACHT

Die folgenden Tage verschwinden in einem Nebel aus Ungläubigkeit und Verzweiflung. Heute verstehe ich Menschen, die von einem gebrochenen Herzen sprechen, einer Metapher für einen seelischen Schock, der einen von der Welt entfernen kann. Die Trauer wird sich als weites Feld erweisen. Dieses eine Wort ist zuständig für unzählige Schattierungen des Schmerzes. Die Trauer verändert meinen Blick auf die Welt und vernichtet die positive Wahrnehmung für lange Zeit, vielleicht für immer. Verschont geblieben zu sein, erscheint mir als härteste Bestrafung. Dass ich Carla und den Kindern im Tod nicht beistehen konnte, erfüllt mich mit Verzweiflung und Bitterkeit. Stirbt ein Mensch durch eine Krankheit, darf man ihn umsorgen und beschützen und weiß im besten Fall, dass er ohne Angst stirbt und ohne Schmerzen. Vielleicht kann man Abschied nehmen, den Prozess auch innerlich vollziehen. Und selbst wenn ein schrecklicher Unfall geschieht, findet man irgendwann vielleicht im Gedanken Trost, dass das Unfassbare nicht gewollt, nicht bewusst herbeigeführt worden ist.

Ich weiß nicht mehr, wann ich erfahren habe, dass den Menschen, die ich liebte, die Kehle durchgeschnitten worden ist. Die Nachricht eines solchen Gewaltexzesses ruft furchtbare Visionen hervor. Sie verfolgen mich, ebenso wie manche Fragen, die von den besten Forensikern und Kriminalisten nicht beantwortet werden können: Was hat die Verzweiflung mit Carla und den Kindern gemacht? Haben sie geweint? Haben sie nach mir gerufen? Es ist, als spürte ich ihre Angst und ihre Schmerzen am eigenen Leib. Ich konnte die Menschen, die ich liebte, nicht beschützen, sie vor diesem Martyrium nicht bewahren. Was bleibt an Hoffnungen übrig? Der Wunsch, dass das Ende überraschend gekommen und alles schnell gegangen ist. Der Zweifel, dass es vielleicht anders war, reißt mich in einen Abgrund.

Am 24. Dezember sitzen meine Schwiegereltern, ihr Sohn Manuel und ich im Wohnzimmer ihres Hauses. Weingläser und ein Teller mit Gebäck stehen vor uns. Es geht uns allen gleich: Wir sind sicher, dass wir bald mit Carla, Dion und Davin Weihnachten feiern werden. Alles war nur ein Albtraum. Nichts von dem, was in den letzten drei Tagen passiert ist, ist wahr. In unserer Fantasie ist bei uns zu Hause bereits alles organisiert für das große Familienfest. Wie jedes Jahr wird in der Mitte des festlich gedeckten Tisches das Fondue chinoise stehen. Die Rindshuft kaufen wir jeweils am Stück und schneiden sie von Hand. Wenn unser Wohnzimmer im Kerzenschein liegt, der Sekt eiskalt ist, feine Gerüche durch das Haus ziehen, treffen die festlich gekleideten Gäste – Familienmitglieder und Carlas Freundinnen Karin und Brigitte – ein, und die »Buben« tragen ihre schönsten Sachen. Zwischen den einzelnen Gängen wird gesungen, gelacht, und die sorgfältig ausgesuchten Geschenke werden verteilt. Seit sich die Erwachsenen dazu entschlossen haben, in einem Losverfahren nur noch je einer einzigen Person ein Geschenk zu machen, folgen der Übergabe jeweils lange Erklärungen, und die ganze Runde verharrt andächtig, bis das Präsent endlich ausgepackt ist.

Obwohl Weihnachten in meiner Kindheit nur bescheiden gefeiert wurde und mich später der damit verbundene Konsumrausch störte, liebe ich unsere Tradition wie auch die folgenden ruhigen Tage, in denen der Alltag zum Erliegen kommt, die langen Spaziergänge, die nachmittäglichen Treffen am Familientisch, die gemütlichen Filmabende. Alles weg. Alles vernichtet. Es ist kein Albtraum, sondern grausame Wirklichkeit: Carla, Dion und Davin werden nicht erscheinen, um mit Rösly, Georges, Manuel und mir zu feiern, nie mehr.

Ich weiß noch nichts über die verschlingende Leere und nichts über die unerfüllbare Sehnsucht. Anstelle der gemeinsamen Zeit, die Carla und ich uns zu Weihnachten schenken wollten, erhalte ich Tage später ihren Fingerring zurück, um den ich auf dem Polizeipräsidium gebeten habe. Er liegt in einer durchsichtigen Plastiktüte. Sein Gegenstück trage ich am Finger. Wir haben die Ringe vor vielen Jahren anlässlich einer gemeinsamen Reise in Berlin gekauft. Ein einfaches Band aus Silber mit einer Gravur. Meine Befürchtung, dass dieses symbolische Schmuckstück beim Brand geschmolzen sein könnte und nicht mehr existiert, hat sich nicht bestätigt. Der Ring hat die schrecklichen Stunden mitgemacht, doch abgesehen von einer Farbveränderung, die wohl durch die Hitze eingetreten ist, ist er unbeschadet. Ich trage ihn in den kommenden Monaten mit mir. Er soll mir Kraft geben in einer Zeit, von der ich noch nicht weiß, um wie viel schrecklicher sie noch werden kann.

Die Sehnsucht macht einen anderen Menschen aus mir. Ich vermisse Carla in jeder Sekunde, und dieser Schmerz verschlingt vorerst alles andere. Ich erinnere mich an früher: Wenn Carla beruflich bedingt zwei oder drei Tage verreisen musste, ersehnte ich ihre Rückkehr schon vom Moment des Abschieds an. Eine

Woche Abwesenheit wurde zu einer Qual, weshalb wir lange Trennungen zu vermeiden versuchten. Das mag erstaunlich klingen bei einem erwachsenen Mann, der seit vielen Jahren die gleiche Frau liebt. Doch in all dieser Zeit waren wir jeweils für höchstens zwei Wochen getrennt. Die Vorfreude auf das Wiedersehen war zwar jedes Mal ein Trost, aber erst wenn ich Carla erneut in die Arme schließen konnte, kehrte die Ruhe zurück: Sie ist wieder da. Sie ist zurückgekehrt.

Die Gewissheit, dass ich Carla nie mehr sehen werde, macht mich krank. Ich weiß nicht, wie ich das überleben soll. Panik durchflutet meinen Körper. Ich rede mir gut zu, versuche, mich zu täuschen. Bereits zwei Tage ohne Carla. Habe ich es nicht schon vier Tage, zehn Tage und einmal sogar vierzehn Tage lang ohne sie ausgehalten? Bald kommt sie zurück, bald ist sie wieder da.

IN STEIN GEMEISSELT

Ich möchte sterben. Doch ich muss weiterexistieren, meine Söhne brauchen ihren Vater. Das erste Treffen mit dem reformierten Pfarrer von Rupperswil findet Ende Dezember statt. Wir versuchen, über das zu sprechen, was geschehen ist und warum es geschehen ist. Christian Bühler findet keine Antworten und erkennt beim Anblick von untröstlichen Menschen die Sinnlosigkeit von vorschnellen Erklärungen. Und doch sehe ich ein Bild vor mir, das Bild eines Meteoriten, der auf die Welt zusteuert, über Kontinente und Länder fliegt, über Städte, Landstriche, Wälder und über Hunderttausende von Häusern, Millionen von Köpfen hinweg auf unser Zuhause und unsere Familie zu, zielsicher und vernichtend. Uns ist das widerfahren. Es war Schicksal, aber sicher keine göttliche Fügung, und in anderen religiösen Gedanken finde ich keinen Halt. Ich muss an ein endgültiges Ende glauben, brutal und ungerecht. Ich beneide andere, die von feinen Energien berichten, welche sie mit ihren Liebsten noch immer verbinden, und die von der Hoffnung erzählen, dass die Endlichkeit vielleicht eine andere Form des Daseins ist, der Abschied kein ewiger sein wird.

Simona gehörte der Evangelisch-methodistischen Kirche an, ihre Mutter und ihr Stiefvater wünschen deshalb einen eigenen Abschied. Als die Trauernden in den blumengeschmückten Bänken sitzen, tritt das Religiöse in den Hintergrund, und im Mittelpunkt steht das Leben einer strahlenden jungen Frau, die zum Glück von so vielen anderen beigetragen hat. Hunderte von Menschen nehmen an der Feierlichkeit teil. Darunter auch wir Angehörigen von Carla, Dion und Davin. Damit wir von den Medienleuten nicht angesprochen werden, bekommen wir Polizeischutz.

Einen Tag später findet die Gedenkfeier für Carla, Dion und Davin statt. Wir lassen dem Pfarrer freie Hand, wollen uns in den Ablauf und in seine Rede nicht einmischen, übertragen ihm die Gestaltung einer Feier, die für die Öffentlichkeit, für Freunde und Bekannte gedacht ist. Ihnen soll der Gottesdienst Ruhe vermitteln. In der Nähe des Altars wird eine Holzstaffelei aufgestellt, Bilder von Carla, Dion und Davin sind zu sehen, in inniger Umarmung vereint, lachend und glücklich. Der Pfarrer wird von einer Geschichte sprechen, die abbricht, von einer Zeit, in der im Buch ein Blatt leer bleibt, und von der unerträglichen Vorstellung, dass es ein Nichts gibt. Auch den siebenhundert Menschen, die an diesem Trauergottesdienst teilnehmen, fehlt ein Stück Geschichte. Zwei Stunden Nichts und Leere, in der das Leben einer Familie und einer jungen Frau zerbrochen ist.

Die nächsten Angehörigen nehmen, wie auch ich, an diesem Anlass nicht teil. Es ist unser Wunsch, die Urnenbeisetzung möge im engsten Kreis der Familie stattfinden und mit einer eigenen Gedenkfeier verbunden werden. Die Einäscherung ist so ersehnt wie gefürchtet. Ersehnt, weil die sterblichen Überreste von Carla, Dion und Davin durch die Gerichtsmedizin lange Zeit nicht freigegeben werden. Gefürchtet, weil sie so doch noch irgendwie auf dieser Welt sind, zumindest physisch. Allein und schutzlos liegen sie in einem gekühlten Raum, mit weißen Laken bedeckt, mit professionellem Interesse betrachtet, akribisch untersucht, fotografiert. Andere Verstorbene sind auf schöne Kissen gebettet, in

Kleidern, die sie gern getragen haben, zwischen den gefalteten Händen eine Blume, die sie gemocht haben.

Manche Menschen können offenbar erst beim Anblick der Verstorbenen glauben und verinnerlichen, dass das Ende eine unumstößliche Tatsache ist. Wir dürfen Carla, Dion und Davin nicht besuchen und uns nicht verabschieden. Man will uns einen Anblick ersparen, der furchtbar sein muss. Der Zeitpunkt der Kremation wird uns zehn Tage später mitgeteilt. Die Uhr läuft rückwärts auf diese Sekunden zu. Dann ist der Moment gekommen, drei Särge verschwinden im Feuer. Was wir geliebt haben, ist nicht mehr auf dieser Welt. Am 22. Januar stehen die Urnen vor uns, sie sind aus hellem, unlackiertem Holz, die Oberfläche ist glatt und fein, wenn man darüberstreicht.

Die Kirchenglocken läuten. Wir stehen im Freien, blicken auf die Steinplatten mit den Inschriften. Die Namen von Carla, Dion und Davin sind eingraviert, daneben ihre Geburtsjahre und das Todesjahr. Carla 1967–2015, Dion 1996–2015, Davin 2002–2015. Tage zuvor sind in verschiedenen Zeitungen Traueranzeigen erschienen. Sie sind wie die in Stein gemeißelten Buchstaben ein Beweis: Es ist geschehen, es ist wirklich geschehen.

Christian Bühlers Rede folgen Gebete und Segnungen. Wir legen weiße Tulpen nieder. Ich denke an Carla und an die Blumensträuße, die ich ihr in den Anfängen unserer Beziehung mitbrachte. Später wusste ich, dass sie zu Schnittblumen – abgesehen von gelben und weißen Tulpen sowie Sonnenblumen – keinen Bezug hatte. Viel lieber waren ihr Gewächse, die Wurzeln schlagen, die umsorgte sie sorgfältig, anders als die Blumen in der Vase. Ich lege meine Hand auf die Urnen. Behälter und Deckel sind durch einen feinen Goldrand miteinander verbunden. Ich will mich nicht trennen. Ich kann nicht Abschied nehmen. Aber keine

Worte, keine Tränen und keine Küsse bringen Carla und die Kinder je zurück.

Als wir über das Gelände des Friedhofs gehen, entdecken wir Simonas Grab, blicken in ein Blumenmeer, auf Kerzen und bunte Windräder. Das Pflegen und Wässern von Pflanzen, das Umsorgen und Schmücken der letzten Ruhestätte ist bei einem Urnengrab nicht vorgesehen. Die Umgebung ist kühler, karger. In den folgenden Wochen stehe ich immer wieder vor dieser Wand, versuche, eine Verbindung herzustellen. Zu Carla. Zu den Kindern. Es gelingt mir nicht.

ZEIT ZUM TRÄUMEN

Sie sind weg. Sie kommen nie mehr zurück. Die Verzweiflung, der Schmerz, die Sehnsucht. Dass diese Gefühle mit der Zeit immer heftiger werden, beunruhigt mich. Andere Menschen finden vielleicht Trost im Umfeld, das sie mit den Verstorbenen verbindet. Die gemeinsam ausgesuchten Gläser aus Venedig, das alte Buch aus Paris, eine Zeichnung aus dem Elsass. Die Kleider. Die Möbel. Die Lieblingstasse. Das Parfum.

»Das Horrorhaus«, wie unser Zuhause bald genannt wird, darf ich erst mehr als dreihundert Tage später wieder betreten. Ein Dutzend Mal öffne ich bis zu diesem Zeitpunkt – in meiner Fantasie und in meinen Albträumen – die Eingangstür, stoße sie auf, trete vorsichtig ein und schaue mich um. Nicht alle meine Vorstellungen werden sich als falsch erweisen: Der künstliche Weihnachtsbaum steht ein Jahr später noch immer ungeschmückt im Wohnzimmer. Das Brot liegt angeschnitten vor mir und sieht irritierenderweise frisch aus. In manchen Zimmern bietet sich ein Bild der Zerstörung. Aber anders als in manchen meiner Visionen, dringen keine Schreie durch die Wände, und niemand fleht – nicht um das eigene Leben, nicht um das der Kinder. Die Ruhe ist so, wie ich es mir vorgestellt habe: kaum auszuhalten.

Vorerst öffne ich Kleiderschränke nur auf meinen imaginären Streifzügen durch das Haus. Ich bin auf der Suche nach dem Duft unseres Lebens. In der Waschküche riecht es nach Weichspüler. Ich zünde die Lampen an, lasse mich auf das Sofa fallen, sitze am gedeckten Tisch, laufe die Treppen rauf und runter. Was wollte ich bereits heute mitnehmen, wenn das Haus kein Tatort und somit versiegelt wäre? Carlas Rezeptsammlung, in einem Buch vereint und mit Gerüchen verbunden, die immer nur uns gehören werden. Schuhe, die mir Dion geschenkt, und Zeichnungen, die Davin für mich gemalt hat.

Erwache ich aus meinen Tagträumen, finde ich mich in einer kleinen Wohnung wieder, die mir schon in früheren Jahren als temporäres Domizil gedient hat. Wenn Carla oder ich beruflich oder mit unseren Kindern sehr beschäftigt waren, erschien es uns nicht sinnvoll, die zusätzliche Hektik auf die Partnerschaft zu übertragen und den Feierabend miteinander zu verbringen, ohne Zeit und Muße füreinander. So verbrachte ich hin und wieder eine Nacht in Mircos Wohnung, an deren Mietzins ich mich deshalb immer beteiligte. Glücklicherweise gibt es diese Möglichkeit auch heute noch, ich würde sonst ohne Dach über dem Kopf dastehen. Die Wohnsituation bleibt improvisiert: Ich lebe aus dem Koffer, mein kleines Schlafzimmer ist vollgestopft mit Möbeln sowie persönlichen Gegenständen, die ich nach der Scheidung mitgenommen habe und die in Carlas Zuhause ein Fremdkörper geblieben wären.

Einkaufen, Kochen und viele organisatorische Details rund um das Wohlergehen unserer Familie haben bisher mein Leben und meinen Alltag geprägt, die festen Abläufe, die Rituale, die Geborgenheit. Kam Carla spät von der Arbeit nach Hause, zündete ich manchmal Kerzen an, ich wusste, dass sie sich darüber freute und in dieser festlichen Stimmung Ruhe und Entspannung fand. Ein Glas Rotwein, ein Teller Pasta, Gespräche zum vergangenen Tag und zu den Kindern. Eine Umarmung, ein Lächeln.

Die Gewissheit, dass es einen Menschen gibt, der untrennbar mit dem eigenen Leben verbunden ist, mit Verpflichtungen und Aufgaben, vielen gemeinsamen Erlebnissen und gemeisterten Schwierigkeiten, mit verlässlichen Freunden und mit vier wunderbaren Söhnen, aber auch die Gemütlichkeit des Einfamilienhauses im Spitzbirrli-Quartier: All dies hat mir ein Gefühl von innerer Heimat vermittelt.

Alles weg. Nichts ist geblieben. Bald zieht es mich nicht mehr nur in Gedanken in mein ehemaliges Zuhause zurück. Es liegt noch immer in einer stillen Straße. Äußerlich ist es beinahe unversehrt, bis auf eine breite Rußspur am oberen Fenstersims deutet nichts auf den Brand hin, der das Innere teilweise zerstört und viele Spuren beseitigt hat. Ich laufe die Hausmauer entlang, erhasche einen Blick in den Garten. Die Erinnerungen sind sofort da: Es riecht nach frisch geschnittenem Gras. Davin schiebt den Fußball Richtung Blumenbeete, Dion und Simona stehen Arm in Arm vor der Feuerstelle. Carla balanciert ein Tablett durch die Terrassentür, ich eile auf sie zu, nehme ihr die Last ab. Später essen wir grillierte Steaks und Salat, lachen, reden. Davin hat den Vorschlag für die Sportschule erhalten. Simona freut sich auf ihre Tanzausbildung in New York und den bereits versprochenen Besuch von Dion im Big Apple. Alle miteinander planen wir Skiferien, und für ein Konzert unserer Lieblingssängerin Adele sind bereits Tickets organisiert. Die Sonne verschwindet hinter den Bäumen. Es ist der letzte laue Sommerabend im Jahr 2015.

In der Realität stehe ich vor unserem Olivenbäumchen, das wir gehegt und gepflegt haben. Carla hat ein graviertes Steinherz in der Erde platziert, es liegt noch immer da: »Nimm dir Zeit zum Träumen. Das ist der Weg zu den Sternen.« War es ein Zufall, dass der Pfarrer beim Trauergottesdienst von Sternen sprach, die den Menschen den Weg leuchten, sie glücklich machen, eine lückenlose Geschichte erzählen, und seine Rede mit der Ermunterung verband, künftig am Firmament nach vier nebeneinanderliegenden Himmelskörpern Ausschau zu halten?

Ich wässere den Topf, das werde ich in den folgenden Monaten unzählige Male tun. Doch ich komme aus einem zusätzlichen Grund zu unserem Haus. Die Garage ist verschlossen, aber unversiegelt. Ich schließe auf, wuchte das Tor hoch, Licht erhellt den Raum. Es riecht schwach nach Motorenöl und Benzin. Tausendmal habe ich nach getaner Arbeit Gartenschlauch und Rasenmäher am dafür vorgesehenen Platz verstaut, die Werkzeuge geordnet, Platz zu schaffen versucht. Ich blicke auf die Fahrräder von Davin und Dion, auf die Strandliege und den Sonnenschirm, das Dekorationsmaterial. Ich entdecke das Zelt, einen Karton Rosé-Sekt, Carlas Gartenwerkzeug: Die Handschuhe aus Stoff lassen die Form ihrer Hände erahnen. Erschüttert stehe ich vor den Resten unseres Lebens. Doch was ich anderswo vergeblich gesucht habe, finde ich hier sofort: die Nähe zu Carla und den Kindern. Ich verweile in diesem Zustand und weiß, ich werde bald wiederkommen.

UNTER VERDACHT

Vom Täter oder von den Tätern fehlt weiterhin jede Spur. Das Verbrechen wird als Mysterium bezeichnet, die Polizei scheint im Dunkeln zu tappen. Obwohl wir nur spärliche Informationen zu den Ermittlungen erhalten, werden wir weiterhin durch die zuständigen Beamten befragt. Menschen aus dem Beziehungsumfeld gehören statistisch betrachtet zu den häufigsten Verursachern schlimmster Familienverbrechen, erfahre ich bereits zu einem frühen Zeitpunkt. Angehörige und andere den Opfern nahestehende Personen verfügen oft auch über persönliches Wissen, das Licht ins Dunkel mancher Beziehungen bringen kann sowie Neuinterpretationen und Schlüsse ermöglicht, die wichtig sein können. Rede und Antwort zu stehen, kann verstörend sein, doch die Polizeiarbeit wird dazu führen, dass der Tod von Carla, Dion, Davin und Simona nicht ungesühnt bleibt. Auch aus diesem Grund setze ich wie andere Angehörige alles daran, um von Anfang an mitzuarbeiten. Mein Alibi wird durch die Sicherheitskamera in der Bank und durch die Aussagen meiner Arbeitskollegen bestätigt. Bald glaube ich, zumindest in den Augen der Staatsgewalt vom unterschwelligen Verdacht befreit zu sein, den ich in der Tatnacht auf dem Polizeikommando zu spüren meinte.

Heute vermute ich: Wenn den Befragungen keine Resultate folgen, zumindest theoretisch jeder und jede weiterhin als Täter oder Täterin infrage kommen kann, konzentrieren sich die Ermittlungen mangels Alternativen zwangsläufig auf jene Personen, die man bereits näher im Visier hat. Dass ich bereits in allen Lebensbereichen beschattet werde, gegen mich eine Strafuntersuchung wegen dringenden Tatverdachts auf vierfache Tötung läuft, weiß ich zu diesem Zeitpunkt nicht. Ob diese durch die Staatsanwaltschaft abgesegnete Maßnahme auch eine Reaktion auf die vielen Verdächtigungen ist, die – nicht zuletzt durch die Medien – in der Öffentlichkeit schon früh gegen mich geschürt worden sind, halte ich heute zumindest für möglich.

Äußerlich funktioniere ich weiter. Ich halte mich an Kleinigkeiten fest, die mir im Berufsleben geblieben sind. Mein Schreibtisch. Meine Bürolampe. Meine Tasse. In der elektronischen Agenda stehen Notizen zu einem Leben, das nicht mehr existiert: Davin abholen! Carla arbeitet! Die Unterstützung durch mein Team ist groß, die Anteilnahme auch. Mein Chef wird sich als treuer Freund erweisen, nicht nur mit Worten, auch mit Taten steht er mir in der schwersten Zeit meines Lebens bei. Auch viele andere, Freunde und Bekannte, stellen unter Beweis, was Zuneigung und Loyalität bedeuten. Dass sich auch andere Menschen in meine Existenz drängen werden, ahne ich bereits. Am 21. Dezember sind die Hinterbliebenen im Polizeipräsidium darüber informiert worden, dass die Presse ein großes Interesse an diesem Fall entwickeln wird. Wir sollten vorsichtig sein und anrufen, wann immer es uns nötig erscheine. Das sind die einzigen Informationen, die wir zu einer so komplexen Thematik mit vielen Stolpersteinen erhalten. Man möchte sich verkriechen, möchte allein sein, doch das lassen manche Menschen nicht zu.

Die Sehnsucht nach unserem Hündchen, das Carla und mich, wenn man so will, zusammengeführt hat, ist groß. Auf dem Präsidium habe ich erfahren, dass es dem Verbrechen durch einen

Zufall entkommen ist. Ich beschließe, nach Rupperswil zu fahren, um das weiße Fellknäuel in den Arm zu nehmen, an mich zu drücken, zu streicheln. Es befindet sich in der Obhut von Carlas bester Freundin Karin, die in Fußdistanz zu uns lebt. Bei meiner Ankunft stehen auf dem Vorplatz zwei Reporterinnen, die Näheres in Erfahrung bringen wollen, wie die gezückten Notizbücher zeigen. Ich wende mein Auto sofort, fahre an den wild gestikulierenden Frauen vorbei und rufe Karin an. Sie bestätigt, die beiden Journalistinnen seien hartnäckig, sie öffne die Haustür erst gar nicht mehr. Eine gute Entscheidung, die andere im Zustand so eines Schocks kaum treffen können.

Menschen, die Fürchterliches erlitten haben, werden von manchen Medienvertretern schon in den ersten Stunden und Tagen nach Schicksalsschlägen kontaktiert, also wenn die Betroffenen noch gar nicht fähig sind, für sie richtige Entscheidungen zu treffen. Meine Eltern und auch meine beiden Söhne werden bereits zu einem frühen Zeitpunkt bedrängt. Meinem Schwiegervater Georges entlockt ein Boulevardreporter ein paar Sätze, die später als Gespräch abgedruckt werden. »Ist es nicht rätselhaft, dass ausgerechnet zum Zeitpunkt, als Carlas Freund das Haus verließ, die Täter erschienen?« Georges lässt sich glücklicherweise nicht auf diese Fangfrage ein und antwortet: »Vieles ist komisch, auch dass die Nachbarin den Hund gehütet hat.«

Die schreckliche Tat interessiert die Öffentlichkeit verständlicherweise sehr. Der oder die Mörder sind nicht gefasst, auch aus diesem Grund dominiert die Tat das mediale Geschehen. Doch viele Leserinnen und Leser wären mit manchen Vorgehensweisen in Zusammenhang mit der Informationsbeschaffung bestimmt nicht einverstanden, wüssten sie davon. Vor allem ein Reporter einer Boulevardtageszeitung erweist sich als besonders rücksichtslos: Groß aufgemachte Geschichten zum »Vierfachmord von

Rupperswil« mit aus dem Kontext gerissenen Statements sind das Resultat seiner Aktionen. Haarsträubende Schlüsse und Behauptungen formuliert er stets in der Frageform, damit auch noch das kleinste Risiko eines juristischen Nachspiels ausgeräumt werden kann. Im Wissen, dass sich der in solchen Dingen meist ungeübte Normalbürger nicht zu wehren weiß und sich auch nicht zu wehren traut, kann sich dieser Journalist auch sonst viel herausnehmen. Da ich öffentlich nicht präsent sein möchte, mich aufgrund meiner psychischen Verfassung dazu gar nicht in der Lage fühle und auch andere Presseanfragen ablehne, gerate ich ins Fadenkreuz des besagten Reporters.

Zu diesem Schluss komme ich, weil meine Beziehung zu Carla bereits Tage nach dem Verbrechen als wankelmütig dargestellt wird. Erklärbare Umstände, warum mein Auto an zwei Abenden nicht vor dem Haus im Spitzbirrli-Quartier stand, werden als Indizien gewertet, dass es um die Partnerschaft von Carla und mir schlecht bestellt gewesen sei, diese quasi vor dem Aus gestanden habe. Anders als in den ersten Stunden auf dem Polizeikommando, als das Misstrauen gegen mich zwar ebenfalls ungeheuerlich war, den kleinen Kosmos des Präsidiums jedoch nicht verließ, erfährt nun die ganze Schweiz von Verdächtigungen, die in Umlauf gebracht werden. Als ich ein Interview, das meinem unterdessen zwanzigjährigen Sohn Mirco abgetrotzt worden ist, über einen Medienanwalt unterbinden lasse, geht man zu einer Strategie über, die ich zu diesem Zeitpunkt noch nicht kenne.

In Frankreich heißt diese Methode »prêcher le faux pour savoir le vrai« und bedeutet, dass Menschen mit falschen Informationen konfrontiert werden, in der Hoffnung, dass sie diese reflexartig richtigstellen und so eine Aussage machen, die sie eigentlich gar nicht machen wollten. Eine Kollegin des Boulevardreporters ruft mich an und fällt gleich mit der Tür ins Haus: Sie habe gehört, es habe Streit gegeben mit Carla, was ich dazu zu sagen hätte. Ich befinde mich in einem Dilemma: Dementiere ich dies nicht, wird man es als Eingeständnis werten, so gut glaube ich diese Tageszeitung in der Zwischenzeit zu kennen. Obwohl ich der Meinung bin, dass auch Unstimmigkeiten in einer Partnerschaft nicht als sonnenklarer Grund gelten dürfen, einem Menschen vier Morde in die Schuhe zu schieben, weiß ich, dass die nächste Schlagzeile dies andeuten würde, wäre ich zu keinem kurzen Gespräch bereit.

Die Reporterin lässt mich wissen, man berufe sich bei der Behauptung auf die Aussagen von Nachbarn. Da alle Freunde und Bekannten, die Carla und mich wirklich gut gekannt und gemocht haben, ebenfalls schweigen, beginnt man nun, weiter entfernte Leute zu befragen, die offenbar gern in den Medien präsent sind. Wie auch immer: Die Schlagzeile am nächsten Tag lautet: »Georg M. (47), Partner der ermordeten Carla Schauer († 48), bricht sein Schweigen«. Im Artikel verweist man bei der Suche nach dem oder den Tätern vieldeutig auf »Spuren im Kreis der Familie«, sprich auf die Möglichkeit, dass Angehörige ihre Hände im Spiel gehabt haben könnten. Weil ein ungelöstes Verbrechen, das mit Leidenschaft, Eifersucht und Hass in Verbindung gebracht wird, am ehesten der Sensationslust entspricht, ist klar, wer die Liste der Verdächtigen anführt: ich. Entsprechende Recherchen in dem Restaurant, in dem Carla und ich drei Tage vor dem Verbrechen einen wunderschönen Abend verbracht haben, ergeben laut den Aussagen des Wirtes, dass Georg M. und Carla S. verliebt und glücklich gewirkt hätten, und so steht es auch in dem Artikel. Doch abgeschlossen wird die Geschichte mit dem zweideutigen Satz, man wisse natürlich nicht, was sich im Vorfeld des Abends oder danach abgespielt habe.

In den kommenden Wochen ist auch meine berufliche Tätigkeit Gegenstand von Spekulationen. Zwischen den Zeilen unterstellt man mir, in unseriöse Bankengeschäfte verwickelt zu sein, was zur Schlussfolgerung führt, dass es sich beim Verbrechen auch um einen Vergeltungsschlag gehandelt haben könnte. Andere glauben, ich stehe mit der Mafia in Verbindung. Da das Verbrechen noch immer unaufgeklärt ist, sind all diese Deutungen und Anschuldigungen zumindest theoretisch möglich, und so wuchern auch auf diesem Boden Gerüchte und Behauptungen.

Die Tatsache, dass ich über ein lupenreines Alibi verfüge, sorgt bald in verschiedenen Internet-Chats für Diskussionen. In Kriminalistikforen, die einzig und allein entstehen, um den »Rätselmord von Rupperswil« zu analysieren, kursieren bald Hunderte von Einträgen. Verfasst werden sie von Menschen, die eine große Faszination für das Böse hegen und gleichzeitig eine Berufung verspüren, den Fall zu lösen. Gegenseitig erteilen sie sich sogar Aufträge, diesen oder jenen Aspekt genauer zu untersuchen. Sie führen sogenannte Parallelermittlungen durch und entwickeln verschiedene Theorien und Ansätze, die sich später allesamt als unsinnig herausstellen. Bis es so weit ist, beschäftigen sich Dutzende von Hobbykommissaren mit dieser Arbeit, wobei haarsträubende Behauptungen – anders als in der Boulevardzeitung – nicht als Fragen formuliert, sondern als hieb- und stichfeste Tatsachen dargestellt werden. In Zusammenhang mit meinem Alibi steht bald fest: Er hat Auftragskiller angeheuert. Auf einigen News-Plattformen fühlt man sich legitimiert, weiterzuspinnen, was manche Printmedien andeuten, und anders als die Zeitungen, die man immerhin am Kiosk erwerben muss, erreichen diese falschen Behauptungen in Windeseile Hunderttausende von Menschen.

Die sozialen Plattformen spielen jenen in die Hände, die mangels eindeutiger Fakten ihrer Fantasie freien Lauf lassen. Sie bieten viele Möglichkeiten, um das Privatleben von Menschen gegen ihren Willen zu durchforsten. Was man selbst als Mittel nutzt, um den sozialen Kontakt zu anderen zu halten, indem man Informationen und Bilder aus seinem Leben zeigt, erhält eine andere Bedeutung, wenn man eine existenzielle Krise durchmacht, am liebsten unsichtbar sein möchte, gleichzeitig aber im Zentrum eines medialen Orkans steht. Als ich in der Zeitung zum ersten Mal ein Bild von mir, Carla und den Kindern erblicke, bin ich erstaunt und traurig. Es zeigt uns bei einem Campingausflug am Hallwilersee. Ein Porträt aus glücklichen Zeiten, das ich der Facebook-Gemeinde Monate zuvor nicht vorenthalten wollte. Doch jetzt sind die Umstände anders. Die Gesichter sind zwar grob verpixelt, und doch sind wir erkennbar. Ich empfinde das Bild als Übergriff, auch auf die Verstorbenen.

Die komplette Lüftung meiner Identität geschieht wenig später. In einem Artikel werden mein Arbeitgeber und die Stadt, in der ich berufstätig bin, voll ausgeschrieben, mein Name wird mit »Georg M.« genannt. Diese Informationen führen dazu, dass Telefonnummer, E-Mail-Adresse und die Facebook-Kontoangaben für jedermann einsehbar sind. Sehr viele Menschen versuchen nun, mit mir in Kontakt zu treten. Obskure Theoretiker, religiöse Gemeinschaften, Hellseher, viele, die mich für den Täter halten, aber auch Frauen, die mich auf der Stelle heiraten möchten, gelangen an mich und unzählige Schreiben wie dieses: »Hey, sorry für die Störung. Weißt Du, wer der Täter ist?« Ich blicke auf den Bildschirm meines Handys. Ich kenne den unhöflichen Fragesteller nicht, der mich duzt und mir diese absurde Frage stellt.

Über die sozialen Netzwerke melden sich erneut Medienschaffende, die sich als entfernte Freunde ausgeben, um an Insiderinformationen oder Familienfotos zu gelangen. Und es kontaktiert mich auch ein Journalist eines privaten Fernsehsenders, den ich über ein Theaterprojekt kennen gelernt hatte und der unsere Bekanntschaft ausnützen will, um sich beruflich zu profilieren.

DER MAULKORB

Die Offenlegung meiner Identität führt zu negativen Erlebnissen in einer Phase meines Lebens, in der ich Ruhe benötige, in tiefer Trauer bin, nicht weiß, wie es weitergehen soll. Auch Monate später, wenn ich vom Verdacht, ein Mörder zu sein, endgültig und offiziell befreit sein werde, wissen immer noch alle, wer ich bin: Georg Metger, Bankfilialleiter bei der Kantonalbank in Lenzburg, Partner von Carla Schauer, die zusammen mit ihren Kindern und der Freundin ihres ältesten Sohnes auf entsetzliche Art und Weise ermordet worden ist. Ein Mann, der öffentlich verdächtigt worden ist, für diese abscheuliche Tat verantwortlich zu sein. Bald fürchte ich mich davor, durch die News-Portale zu scrollen, und auch die morgendlichen Aushänge am Kiosk machen Mirco und mir Angst. Man könnte die Entscheidung treffen, manche Medien künftig zu ignorieren. Im Alltag wird man mit diesen Inhalten aber direkt und indirekt konfrontiert – von Menschen, darunter auch Berufskollegen, Freunde, Verwandte und Kunden, die informiert sind, sich ihre eigenen Gedanken machen, Fragen stellen. Man fühlt sich machtlos, wenn man nicht vorbereitet ist, und gerät in einen Zwang, alles lesen und sehen zu müssen.

Manche Männer und Frauen aus meinem Umfeld beginnen an mir und meiner Unschuld zu zweifeln. Sie wenden sich ab und melden sich erst wieder, als das Verbrechen geklärt ist. Mein Vertrauen erleidet vorübergehend ebenfalls Schaden. Der oder die Täter sind noch immer nicht gefasst. Zumindest in den ersten Tagen nach der Katastrophe zweifle ich an Menschen, für die ich bisher beide Hände ins Feuer gelegt hätte, aus dem einfachen Grund, weil theoretisch jeder und jede infrage kommen könnte. Das Wissen darum, was wirklich passiert ist, sorgt paradoxerweise dafür, dass ich von nun an absolut sicher bin, dass niemand aus unserem näheren Umfeld verantwortlich sein kann, weil in diesem niemand zu so einer schrecklichen Tat fähig gewesen wäre. Doch während ich mein Misstrauen und das wiedergewonnene Vertrauen nicht kommuniziere, findet der Zweifel an meiner Person weiterhin öffentlich statt.

Dass Rösly und Georges zu jeder Zeit an mich glauben, über das Misstrauen und die Verdächtigungen genauso empört sind wie ich selbst, ich ihr absolutes Vertrauen spüre, ist keine Selbstverständlichkeit und bedeutet mir alles. Unvorstellbar, wenn sie in ihrer tiefen Trauer und Ratlosigkeit unsicher geworden wären, sich der Zweifel in ihnen festgesetzt hätte. Dies hätte unsere Beziehung zerstört, den Halt, den Trost, den wir bis heute ineinander finden. Das Gleiche gilt für Manuel, Carlas Bruder. In der Jugendzeit waren wir eng miteinander befreundet, verloren uns aber später, als wir eine Familie gründeten, ein wenig aus den Augen. Als seine Schwester und ich ein Paar wurden, erneuerten wir den Kontakt und stellten fest, dass sich nichts an unserer Sympathie füreinander geändert hatte. Nach dem Tod von Carla und den Kindern rücken wir nun noch enger zusammen. Auch in seinen Augen sehe ich immer nur Wohlwollen und Mitgefühl.

Bereits zu einem früheren Zeitpunkt möchte ich mich gegen Anschuldigungen und Unwahrheiten, die verbreitet werden, zur

Wehr setzen. Möchte Klartext reden, den Vermutungen und Unterstellungen Fakten entgegenhalten. Doch das darf ich nicht. Über die Staatsanwaltschaft wird allen Beteiligten – also sowohl den Menschen, die professionell mit dem Verbrechen zu tun haben, als auch den Angehörigen der Opfer – ein umfassendes Mitteilungsverbot auferlegt. Offenbar ziehen die offiziellen Stellen eine Lehre aus anderen großen Kriminalfällen, bei denen das mediale Interesse ebenfalls extrem groß war, durch die journalistische Befragung von Involvierten jedoch Fährten gelegt wurden, die die Polizei in falsche Richtungen leiteten und die Aufklärung der Verbrechen verschleppten. Keine Details der laufenden Ermittlungen und keine persönlichen Statements dürfen nach außen dringen.

Es ist eine Entscheidung, die ich anfänglich nachvollziehen kann. Das lang dauernde Redeverbot trägt allerdings dazu bei, dass ich mich nicht wehren kann, während die Gerüchteküche weiterbrodelt. Das Mitteilungsverbot bedeutet auch, dass ich mit niemandem aus meinem Freundeskreis über schreckliche Vermutungen sprechen darf, die sich mir aufgrund unzähliger polizeilicher Befragungen aufdrängen. Als die Maßnahme um weitere Monate verlängert wird, kann ich meine Aufzeichnungen, mit denen ich vieles zu verarbeiten versuche, nicht mehr in der gleichen Art und Weise fortführen. Auch die Mitarbeit an einem journalistischen Beitrag für ein TV-Format zur Gesetzeslage im Bereich von DNA-Analysen kommt vorläufig zum Stillstand. Ein Anwalt hilft mir, eine elfseitige Beschwerde zu verfassen, die wir beim Obergericht Aarau einreichen. Das Redeverbot wird um drei Monate verkürzt, dennoch soll es bis Ende September 2016 andauern.

Schreckliche Fragen, die wir uns als nahe Angehörige stellen müssen – zum Beispiel, ob Carla und die Kinder zusammen in einem Raum umgebracht wurden, was bedeuten würde, dass nur das erste Opfer nicht miterlebte, was die anderen durchmachen mussten –, diskutieren nun hingegen andere kühl vom Schreibtisch aus, scheinbar ohne Herz und ohne sich zu überlegen, dass es in diesem Drama Angehörige gibt, die weiterleben müssen. Verschiedene Psychiater und Forensiker werden um ihre Einschätzung gebeten und melden sich mit möglichen Szenarien zu Wort. Sie glauben an einen Raubmord, der außer Kontrolle geraten ist. Sie gehen von mehreren jugendlichen Tätern, eventuell sogar von Kindern aus. Andere halten das Verbrechen nicht für eine erste Tat, da eine derart frenetische Aggressivität und Brutalität ungewöhnlich sei. Man hält die Art der Tötung für persönlich motiviert, der Täter könnte mit den Opfern zuvor in Kontakt gestanden haben. Auch diese Analysen werden sich mehrheitlich als falsch erweisen.

Die quälende Frage, in welcher Reihenfolge Carla und die Kinder getötet wurden, ob sie in verschiedenen Zimmern starben oder in einem einzigen Raum, bleibt weiterhin unbeantwortet. Obwohl die am Tatort agierenden Feuerwehrleute im Besitz dieses Wissens sind und es mit Sicherheit auch an die ermittelnden Beamten weitergaben, erfahren die Angehörigen nichts. Wir müssen uns mit der Möglichkeit auseinandersetzen, dass drei der nacheinander getöteten Opfer das Sterben der anderen in eigener Todesangst miterleben mussten. Die Ungewissheit ist das Schlimmste. Was mussten Carla und die Kinder vor ihrem Tod erleiden? Was geschah in der Zeit zwischen Carlas Rückkehr und der Entdeckung des Brandes?

Alles ist möglich. Dieser Umstand gibt dem oder den Tätern zusätzlich Macht über uns, die Hinterbliebenen. Nur er oder sie wissen, was tatsächlich geschehen ist. Wird unser Leid beobachtet? Verschaffen unsere Tränen und die verzweifelte Suche nach

Gründen Genugtuung? Man wünscht sich Aufklärung, denn dadurch erhielte man auch sein Selbstbestimmungsrecht zurück. Will man alles wissen? Kann man mit der Wahrheit leben? Ich selbst sehne die Wahrheit herbei, damit die Geschichte vollständig wird. Gleichzeitig erhoffe ich mir von der Wahrheit die Befreiung von den furchtbaren Gefühlen, Gedanken und Visionen, die mit dem Tod von Carla, Dion, Davin und Simona verknüpft bleiben. Das Nichtwissen wird noch monatelang andauern. Diese Zeit wird mich und andere für immer prägen.

SUCHE NACH DEM TÄTER

Die verzweifelte Suche von uns Angehörigen nach einem möglichen Grund für das Verbrechen hat etwas Selbstzerstörerisches. Morde geschehen aus Geldgier, Eifersucht, Rache, aufgrund sexueller Motive. Ich zermartere mir das Hirn und erkenne einfach nichts, was als Grund infrage kommen könnte. Alle Denkansätze führen ins Nichts, und obwohl jeder gewaltsam herbeigeführte Tod eine Tragödie ist, erscheint mir die Sinnlosigkeit dieser Tat, die sich nicht erklären lassen will, unvergleichlich. Nächtelang verfolgen mich andere Fragen: Warum bin ich verschont geblieben? War mein Überleben eine kalkulierte Bestrafung, eine absichtlich zugefügte Folter? Warum musste Carla den ominösen Betrag abheben? Wie viele Täter waren es?

Mit der Familie, Freunden und Bekannten arbeiten wir aufgrund bereits öffentlich gewordener Informationen verschiedene Szenarien durch. Doch immer scheint ein Mosaiksteinchen zu fehlen, um Motiv und Tat schlüssig miteinander zu verbinden. Gegen ein Beziehungsdelikt spricht, dass niemand aus unserem Kreis verhaftet worden ist und wir es für unmöglich halten, dass Carla oder die Kinder von nahen oder ehemals nahen Bezugspersonen derart gehasst worden sind. Wäre die Tat das Resultat eines Einbruchs, erschiene der abgehobene Betrag von 9850 Schweizer Franken verhältnismäßig gering, insbesondere da Carla mehr

hätte abheben können. Wir überlegen, ob unzufriedene oder ge-
kündigte Mitarbeiter sich an Carla, ihrer Chefin, rächen wollten,
verwerfen aber auch diese abstruse These.

Wir überdenken meine Rolle als Banker, die viele andere als
Grund für einen möglichen Vergeltungsschlag sehen. Aber ich
arbeite bei einer lokalen Regionalbank und hatte während meiner
bisherigen Laufbahn zum Glück weder mit enttäuschten noch
aggressiven Kunden zu tun. Auch ein anderes mögliches Szenario
macht keinen Sinn: Eine kleinere Abrechnung mit einer einzigen
Person, die sich im Haus befand, und die dann – aus welchen
Gründen auch immer – eskalierte.

Bald kursieren in der Boulevardzeitung Gerüchte, es habe sich
um einen Ritualmord gehandelt. Als Beweis für den »bösen Verdacht einer Bekannten«, die zu diesem Thema einen anonymen
dreizehnseitigen Brief verfasst hat, wie es heißt, gilt ein Bild von
einem Monster, das Dion einst auf Facebook gepostet hat. Ein
Sektenexperte darf sich profilieren: Die glühenden, eingefärbten
Augen wären eine Sympathiebekundung für die schwarze Szene,
deren Mitglieder mit okkulten Ritualen experimentierten, woraus
ein eingeschworener Zirkel entstehen könne, der auch vor Straftaten nicht zurückschrecke. Dieser Theorie wird eine ganze Seite
Text gewidmet. Man bringt Simona ins Spiel, und Dion wird
verdächtigt, Mitglied einer solchen Gruppierung gewesen zu sein,
während seine Freundin ihn möglicherweise dazu angehalten
habe, diese zu verlassen. Okkulte Gemeinschaften würden ab-
trünnige Mitglieder vor der eigentlichen Bestrafung finanziell
ausnehmen, spannt der Experte den Bogen zu den rund zehntau-
send Franken, die Carla vor der Tat bezogen hat.

Ich bin entsetzt über diese Mutmaßungen. Den Ausführungen
folgt der einzige mitfühlende Satz, den der besagte Reporter in

Dutzenden von Berichterstattungen jemals von sich gibt: »Für die Angehörigen bleibt es der schwärzeste Tag in ihrem Leben.« Damit spielt er auf die Tatsache an, dass die Tat am 21. Dezember stattgefunden hat, dem meteorologisch kürzesten und daher dunkelsten Tag des Jahres.

Dieses Datum erweist sich auch für mich als Boden für Interpretationen, denen ich mich auf der verzweifelten Suche nach Erklärungen nicht immer entziehen kann. In vielen antiken bis frühmittelalterlichen Kulturen galt die Wintersonnenwende als wichtiges Fest. Verschiedene religiöse Glaubensrichtungen messen dem 21. Dezember zudem eine besondere Bedeutung bei, und manche halten ihn für einen Unglückstag. Im Satanismus genießt er aus diesem Grund einen Feiertagscharakter.

Ein Bekannter schreibt mir, wohl fassungslos auf der Suche nach Hinweisen, die eine Erklärung liefern könnten, eine verwirrende Mail, die ich hier sehr gekürzt wiedergebe:

»Ist Dir aufgefallen, dass die Quersumme des Tatjahres (2015) und diejenige der Postleitzahl von Rupperswil (5102) beide eine 8 ergeben? Ebenso wie die Quersumme der Hausnummer (53). Kommt hinzu, dass die Stückelung der Banknoten, die Carla abgehoben hat, dreimal eine 11 ergibt: 11-mal eine 200er-Note, 11-mal eine 100er-Note, 11-mal eine 50er-Note, was – zusammen mit den 6 Tausendernoten und den am Bankomaten noch abgehobenen Euro – insgesamt 11 000 Franken ergibt, also nochmals eine 11. Viermal die 11 ergibt 44 – die Quersumme ergibt abermals eine 8. Im Übrigen stehen das Tatjahr und die Postleitzahl spiegelverkehrt zueinander (2015 – 5102), genau wie das Datum – 21. 12. – der Tat. Zudem ist das der

dunkelste Tag. Sollte vielleicht ein religiöser Funda-
mentalismus eine Rolle spielen? Denn Jesus folgten
11 gerechte Apostel, der 12. hingegen war ein Verräter.«

Seine Ausführungen helfen mir in keiner Art und Weise, im Gegenteil, sie verwirren mich maßlos.

ERSTE ERGEBNISSE

Eine vierzigköpfige Sonderkommission der Kantonspolizei befasst sich seit dem 21. Dezember 2015 mit der Aufklärung des Verbrechens und ist rund um die Uhr an sieben Tagen pro Woche im Einsatz. Obwohl die Beamten zweihundertfünfzig Hinweise aus der Bevölkerung erhalten und über hundert Einvernahmen durchgeführt haben, scheint man im Dunkeln zu tappen. Doch Mitte Februar 2016 gerät Bewegung in die Sache, und die Staatsanwaltschaft informiert an einer Medienkonferenz zum ersten Mal etwas ausführlicher über den Stand der Ermittlungen. Für sie steht fest, dass die Tat vorbereitet war. Es ist auch zu erfahren, dass Carla und die Kinder mit Kabelbinder und Klebeband gefesselt wurden und alle vier Stich- und Schnittwunden erlitten, bevor sie getötet wurden. Von dem Täter oder den Tätern fehlt weiterhin jede Spur.

Die Staatsanwaltschaft Aargau informiert zudem, dass sie eine Belohnung von 100 000 Franken aussetze, um die Morde aufzuklären. Weiter ist zu erfahren: Obwohl unser Zuhause in Brand gesteckt worden war, konnten Fingerabdrücke und DNA-Spuren sichergestellt werden. Die Information über das gesicherte genetische Material lässt uns Angehörige endlich hoffen, dass die zermürbende Ungewissheit bald ein Ende haben würde. Denn obwohl der Abgleich mit der DNA von bereits dingfest gemachten

Straftätern keinen Treffer ergeben hat, zeigt sich der leitende Oberstaatsanwalt zuversichtlich. Man werde, meint er, einen Namen oder ein Gesicht zu den sichergestellten Spuren finden. Doch diese Hoffnung bleibt vorerst unerfüllt. Obwohl die unbekannte DNA wichtige Informationen liefern könnte, etwa welcher Ethnie der Mörder angehört, welches Alter er hat oder ob es sich gar nicht um einen Mörder, sondern eine Mörderin handelt, darf sie nicht analysiert werden.

Für mich ist dies ein Schlag ins Gesicht. Man könnte so vieles ausschließen, auch mich als Mörder beispielsweise, und wichtige Informationen generieren, darf dies aber nicht tun, weil es das Gesetz verbietet, solange die DNA nicht bereits in der Datenbank vorhanden ist. In meiner abgrundtiefen Frustration schreibe ich einen Brief an die Vorsteherin des Eidgenössischen Justiz- und Polizeidepartementes, Bundesrätin Simonetta Sommaruga, und bitte sie, die gesetzlichen Veränderungen voranzutreiben, die es erlauben würden, auch nicht zuzuordnende DNA zu analysieren, da die Merkmale zu Alter, geografischer Abstammung, Augen- und Haarfarbe den Kreis der infrage kommenden Täter massiv verkleinern würden. Überzeugt davon, dass sich mit den so gewonnenen Informationen auch »der Fall Rupperswil« lösen ließe, verbinde ich mein Schreiben mit der Bitte, sie möge doch eine entsprechende Ausnahmebewilligung für uns anordnen. Die Antwort lässt etwas auf sich warten, doch dazu später.

In einem Zeitungsartikel lese ich, dass ein Profiler der Polizei den Kreis der möglichen Täter bereits zu einem frühen Zeitpunkt eingegrenzt habe. Ein solcher Fallanalytiker leitet aus der Auswertung vorhandener Indizien, Spuren und Umstände der Straftat wie auch aus dem Verhalten des Täters Muster ab, die auf Merkmale zu seinen Lebensumständen hinweisen können. Die Analyse sei bereits im Februar 2016 bekannt gewesen, als die

Behörden zum ersten Mal über den Stand der Ermittlungen informierten und die Staatsanwaltschaft eine Belohnung für weitere Hinweise aussetzte. So zumindest steht es in diesem Artikel. Der Profiler habe den Täter als fünfzehn bis fünfunddreißig Jahre alt und männlich beschrieben. Er stamme, so weiter, vermutlich aus Rupperswil und sei dem nahen oder näheren Umfeld der Opfer zuzuordnen. Erst sehr viel später werde ich erfahren, dass diese Meldung falsch war.

TRAUERARBEIT

Davin und Dion besuchen mich im Traum. Derart lebensecht, dass mich diese Sekunden, in denen das Unterbewusstsein eigene Wege geht, bis heute begleiten. Sie kommen auf mich zu. Ich frage die beiden, glücklich und erleichtert wie noch nie in meinem Leben: »Ihr lebt wirklich?« Sie nicken. Zu den Gründen für diesen rätselhaften Umstand befragt, antworten sie, es gebe Menschen in ihrem Umfeld, die Dinge täten, die sie nicht gutheißen würden. Der vorgetäuschte Tod sei als Bestrafung gedacht. Ich bin am Boden zerstört und will wissen, warum ich eine solche Folter verdiene. Sie antworten einstimmig: »Du rauchst wieder!« Was zwischen diesem Satz und dem Moment geschieht, als mich Fabio, mein jüngerer Sohn, der in dieser Nacht bei mir ist, weckt und liebevoll umarmt, weiß ich nicht mehr, aber ich erwache weinend und aufgewühlt. Seither bin ich Nichtraucher, es ist mir unmöglich, eine Zigarette anzuzünden. Obwohl es sich um einen Traum handelt, hält mein Inneres offenbar an der Idee fest, dass wenigstens die »Buben« eines Tages zurückkommen könnten; weil ich aus der Bestrafung eine Lehre gezogen habe.

Ich zweifle an meinem Gemüt. Entsetzliche Bilder verfolgen mich weiterhin. Der Aufenthalt in engen Räumen wird zu einer Qual, ich leide unter Panikattacken, was mir bisher fremd war. Ich verzichte weiterhin auf Medikamente oder psychologische Unter-

53

stützung. Tage nach dem Verbrechen hat uns die Polizei mitgeteilt, wir könnten Opferhilfestellen kontaktieren, doch gleichzeitig dezidiert von dieser Möglichkeit abgeraten. Heute weiß ich, wie wichtig diese Hilfe für uns alle gewesen wäre, und ich ahne inzwischen, warum wir sie damals nicht in Anspruch nehmen sollten. Offenbar hat die Opferhilfe ein Einsichtsrecht in die Verfahrensakten, wenn die betreuten Angehörigen sie dazu ermächtigen. Ich muss also davon ausgehen, dass die Polizei schlicht und einfach die Einmischung durch Dritte verhindern wollte.

Was den Schmerz um den Verlust und meine Trauer betrifft, gelange ich mit der Zeit zu eigenen Schlüssen und Strategien. Ich versuche, so weit wie möglich widersprüchliche Emotionen zu vermeiden. Gefühle, die sich ähnlich sind, jedoch verschiedene Ursprünge haben, kann ich bald auseinanderhalten und versuche so, zu verhindern, dass in meinem Innern ein riesiges Chaos entsteht. Um den Totalschaden zu vermeiden, lerne ich, mich einer einzigen Emotion zu widmen. An einem Tag ausschließlich der Wut. Am nächsten Tag der Verzweiflung, am folgenden der Ratlosigkeit, an wieder einem anderen der Schuld und dann dem extremen Vermissen. Ich werde zum pflichtbewussten Buchhalter meiner Gefühle, die ich bald umsichtig und immer im Willen verwalte, einen Zusammenbruch zu verhindern und innerlich nicht zu verbrennen.

Oft lenke ich mich auch bewusst ab. Ich treffe Freunde. Ich spiele Theater. Ich kaufe neue Kleider und merke bald: Körper und Verstand können nach dem eigenen Willen dressiert werden, sie folgen dessen Anweisungen widerstandslos und machen manche Ablenkungsmanöver bereitwillig mit. Doch das Herz entpuppt sich als anarchistisch. Es lässt sich schlecht manipulieren, nicht überlisten, und die Versuche, es zu »erziehen«, schlagen fehl. Es wehrt sich umso mehr, will nicht ignoriert werden, spricht

Warnungen aus. Ich muss anerkennen, dass mein Herz zu Recht Aufmerksamkeit einfordert und auf einem lang dauernden Heilungsprozess besteht.

Ich weiß: Erst wenn der oder die Täter endlich gefasst sind, werde ich für mich irgendwann eine Zukunft finden, die Neues nicht nur zur Ablenkung benötigt, sondern wirklich zulassen kann. Von der Wahrheit, sollten wir sie eines Tages tatsächlich erfahren, erhoffe ich mir die Befreiung von der Ungewissheit. Erst dann werde ich wieder ein vollständiger Mensch sein.

Bis es so weit ist, gehört es auch zu meiner Strategie, meinen Mitmenschen zu signalisieren, dass ich mich nicht entziehe, sollten sie das Bedürfnis verspüren, mich auf das Unfassbare anzusprechen. Ich versuche, zu zeigen, dass ich fähig bin, über die Erschütterung meines Lebens zu sprechen, ohne vor ihren Augen zusammenzubrechen, dass meine Wunden nicht neu aufgerissen werden können, weil sie noch nicht verheilt sind. So werden viele Gespräche mit Freunden und Bekannten möglich, die anfänglich nicht wissen, ob und wie sie auf mich zukommen sollen. Sie sind erschüttert, agieren vorsichtig und rücksichtsvoll, warten im Wunsch, meine Grenzen zu respektieren, meine Reaktionen ab, deuten diese dann aber richtig und wagen es, das Schmerzhafte anzusprechen. In dem daraus resultierenden Austausch finde ich Nähe und Trost.

Von manchen werde ich gefragt, wie ich das alles durchstehe, und bekomme zu hören, dass sie ihrerseits am Boden zerstört wären, ein solches Schicksal nicht überleben würden, von der nächsten Klippe gesprungen, ausgewandert oder in einer psychiatrischen Institution gelandet wären. Bilde ich es mir ein, oder liegt in manchen »Komplimenten«, die man mir zu meinem physischen und psychischen Zustand macht, ein leiser Vorwurf oder gar ein Verdacht? Warum geht es ihm nicht schlechter? Hat er bereits alles abgehakt? Ist er schon zur Tagesordnung übergegangen? Seine Haare sind nicht grauer geworden, er hat offenbar noch Appetit, fährt Auto, geht seinem Beruf nach, scheint irgendwie unversehrt. Blicke ich während der morgendlichen Rasur in den Spiegel, sehe auch ich nur die äußeren Zeichen der Anstrengung und des Schmerzes. Es gibt Momente, da wünsche ich mir, meine innere Zerstörung wäre äußerlich sichtbar.

CARLA UND ICH

Wir lernten uns in der Schulzeit kennen. Sie war ein schönes Mädchen, strahlend und unabhängig. Als Teenager umgab sie bereits ein Zauber, der schwierig in Worte zu fassen ist und dem sich auch andere nur schwer entziehen konnten. Ich war dreizehn Jahre alt, ihr Bruder war ein guter Freund. Ich ging bei der Familie Freiburghaus ein und aus, fühlte mich wohl in dem gemütlichen Haus mit Aquarium, Cheminée und Garten und mochte auch die Eltern sehr, die zu ihren Kindern ein inniges Verhältnis pflegten. Wir besuchten beide das Konfirmationslager. Eine Woche lang übernachteten wir in derselben Unterkunft, aßen, sahen und hörten die gleichen Dinge, interpretierten und analysierten die »Geschichte des verlorenen Sohnes«, spielten zusammen Tennis. Hinter der dünnen Zimmerwand, die uns in der Nacht trennte, stellte ich sie mir als schlafenden Engel vor. Jeden Blick, den sie mir schenkte, jede Geste, die sie für mich übrig hatte, und jedes Wort, das Carla an mich richtete – alles deutete ich, bis über beide Ohren verliebt, stets so, als wäre sie an mir ebenso interessiert wie ich an ihr.

Zurück in Niederlenz, fasste ich mir dann ein Herz, bat sie um eine Verabredung und freute mich über ihre Zusage. Doch als ich frisch geduscht, gut angezogen und ziemlich nervös vor dem Haus ihrer Eltern stand, war sie nicht da, sie hatte mich einfach vergessen. Aber ich war mit meinem Latein noch nicht am Ende. Mit Javier, einem Jugendfreund, produzierte ich leidenschaftlich Filme in Super-8-Technik – nur schon das tagelange Warten auf das entwickelte Resultat hatte etwas Prickelndes. Javier war damals schon und ist es heute noch ein guter Kameramann, Autor und Regisseur, während ich lieber vor der Kamera stand. Als es nun bei einem unserer Filme darum ging, eine weibliche Hauptrolle zu besetzen, erkannte ich meine Chance. Ich erinnere mich nicht, ob Javier die Szene auf der Parkbank mir zuliebe ins Drehbuch aufgenommen hatte, auf jeden Fall kam es zu einem veritablen Filmkuss zwischen mir und dem schönsten Mädchen der Welt, welches das Ereignis allerdings mit der Professionalität einer distanzierten Filmdiva meisterte.

Ich himmelte Carla weiterhin an, musste mir aber mit zunehmendem Alter eingestehen, dass sie mir gegenüber unverbindlich blieb. Liefen wir uns in den folgenden Jahren per Zufall über den Weg, war sie zudem meist nicht allein – was ja kein Wunder war. Irgendwann erkannte ich definitiv, dass ich mir meine kluge und faszinierende Traumfrau aus dem Kopf schlagen musste. Das tat ich dann auch, und unsere Wege, die nur in meinen Träumereien in die gleiche Richtung führten, trennten sich. In den folgenden Jahren setzte ich auf meine Ausbildung, die Karriere, führte bald eine langjährige Beziehung. Es war eine unbeschwerte Zeit mit vielen guten Erfahrungen und Erlebnissen, doch die Erinnerung an Carla verblasste nicht. Von der unerfüllten Liebe sagt man, dass sie besonders schmerzhaft und auch besonders schön sei. Sie ist nicht mit Alltäglichkeiten belastet, und man kann alles in sie hineininterpretieren. Sie nutzt sich nicht ab, die Faszination ist gleichbleibend hoch. Die Hoffnung auf Erfüllung bleibt im Innersten verborgen, doch während das Leben in andere Richtungen führt, denkt man manchmal an jenen Menschen zurück, der das perfekte Glück ermöglicht hätte, und pflegt willentlich diesen Traum.

In der Realität lernte ich Danira, meine spätere Frau, kennen und lieben. Wir hatten ähnliche Vorstellungen und verfolgten die gleichen Ziele im Leben. Wir wollten eine Familie gründen und waren uns einig, dass wir die klassische Rollenteilung wählen würden. Ich wünschte mir ein inniges Familienleben mit Eltern, die Zeit für ihre Kinder haben, und das wollte auch Danira.

Als Einzelkind mit berufstätigen Eltern war ich bereits in jungen Jahren sehr selbständig und viel allein. Das entsprach glücklicherweise meinem Charakter, gleichzeitig sorgte ich dafür, dass ich anderswo wahrgenommen wurde, begeisterte mich früh für die Schauspielerei, spielte im Laientheater mit und schloss mich einem Filmklub an. Vater und Mutter, die beide arbeiteten, sah ich jeweils nur am Abend. Unwohl fühlte ich mich dabei nicht, ich stand am Morgen auf, bereitete mir das Frühstück zu, ging in die Schule, beschäftigte mich tagsüber und wartete auf die abendliche Rückkehr der Eltern und das gemeinsame Abendessen. Mein Vater arbeitete als selbständiger Architekt in einer für dieses Gewerbe schwierigen Zeit. Meine Mutter, eine gebürtige Italienerin, trug mit verschiedenen Jobs zum Einkommen der Familie bei.

Es waren die 1970er-Jahre, von denen es heißt, sie seien prosperierend gewesen. Andere Familien in der Siedlung gingen gemeinsam in die Skiferien und im Sommer mit dem Picknickkorb in die Badeanstalt. Viele Mütter kochten, buken, wuschen und legten den Kindern am Morgen frisch gebügelte Kleider zurecht, und die Väter kamen am Abend pünktlich nach Hause. Die Kinder solcher Eltern erledigten die Hausaufgaben unter Aufsicht der Erwachsenen, und am Samstagabend sahen alle gemeinsam eine große Show im Fernsehen an. So wie bei Carlas Familie.

Mein Vater und meine Mutter steckten persönlich zurück und arbeiteten beide viel, nicht zuletzt, um mir materielle Dinge zu ermöglichen, zum Beispiel ein Töffli und eine Hobby-Funkanlage. Dafür bin ich ihnen dankbar, doch die beruflich bedingte Abwesenheit ging auf Kosten von familiärer Nähe. Ich trage ihnen nichts nach, ich weiß, dass sie ihr Bestes gaben. Trotzdem wollte ich mit einer eigenen Familie vieles anders machen. Jahrzehnte später, als Carla und ich uns wieder trafen und endlich fanden, ergab sich aus dem, was in meiner Kindheit gefehlt hatte, und dem behüteten Aufwachsen in ihrem Elternhaus eine gemeinsame Vorstellung, wie wir unsere vier Söhne erziehen würden, die in vielem, wenn auch nicht in allem übereinstimmte.

Meine Söhne Mirco und Fabio wurden im Abstand von sieben Jahren geboren, und zwar, wie ich später erfahren sollte, in denselben Jahren wie Dion und Davin. Das ist nicht die einzige Gemeinsamkeit. Carla und ich haben jeweils zum gleichen Zeitpunkt Ähnliches erlebt. Meine beiden Neugeborenen zum ersten Mal im Arm zu halten, behalte ich als unvergessliche Momente in Erinnerung. Das Bedürfnis, diese kleinen Lebewesen für immer zu beschützen, entspricht einem elterlichen Instinkt. Den ersten Schritten folgen über viele Jahre verteilt unzählige Lernprozesse und Einsichten. Tausende von Tagen verbringt man miteinander, teilt alles, Erfolge, Misserfolge, Lachen und Tränen, und hofft, dass aus den Kindern einst glückliche Erwachsene werden, die weitergeben, was man ihnen vorgelebt und vermittelt hat: Respekt vor anderen, dass Handlungen Konsequenzen haben und dass nicht alle Bedürfnisse Erfüllung finden können. Das Leben der Kinder ist mit dem elterlichen Wunsch verbunden, dass es das Schicksal gut mit ihnen meint, vielleicht sogar besser als mit einem selbst. Ihre Zukunft, die über die eigene hinausreichen wird, sieht man bereits vor sich. Sie ist ein Trost, eine Selbstverständlichkeit, die man bei allen Gefahren, die lauern, nicht bedroht sieht, auch weil man sich das Unfassbare nicht vorstellen kann und will.

Meine damalige Frau und ich gingen in unserer Rolle als Mutter und Vater auf, wir waren präsent und konnten den Kindern psychische und materielle Stabilität und Sicherheit geben. Während ich auf der Bank Karriere machte und mein Verdienst uns ein gutes Leben ermöglichte, hatten Mirco und Fabio eine Mutter, die sich stets liebevoll um sie kümmerte. Am Abend las ich den beiden Geschichten vor, hörte ihnen zu, wusste, was sie beschäftigte, sie freute oder ihnen Kummer machte. Unsere Buben wärmten mein Herz, erfüllten mich mit Liebe und gaben meinem Leben Sinn. Die Nähe zu ihnen war mir immer sehr wichtig, und sie ist es heute noch. Gleichzeitig war es mein Wunsch, dass sie selbständig wurden, und ich traute ihnen von Anfang an einiges zu. So wie meine Eltern darauf vertrauten, dass ich alles schaffen würde, übertrug auch ich Mirco und Fabio viel Eigenverantwortung und ließ sie die Konsequenzen ihrer Entscheidungen und Handlungen, die sie innerhalb fest gesteckter Grenzen treffen durften, selbst tragen.

Sosehr ich meine Familie liebte, blieb mir das Alleinsein immer ein Bedürfnis. Ich benötigte viel Zeit für mich, um aufzutanken, um weiterzumachen. Damit die Kinder und meine Frau sich nicht vernachlässigt fühlten, stand ich am Sonntag in aller Herrgottsfrühe und – wie ich erst im Nachhinein realisierte – immer noch früher auf. Ich joggte stundenlang durch den Wald und genoss die Ruhe, danach gingen wir die familiären Aktivitäten gemeinsam an. Es war in meiner damaligen Wahrnehmung ein beschauliches und gutes Dasein, ohne extreme Höhenflüge, aber auch ohne schmerzvolle Bruchlandungen.

Die Krise schlich sich auf leisen Sohlen an, ließ sich zuerst verdrängen und beschwichtigen, doch dann trafen mich die Zweifel mit umso größerer Wucht. Ich brachte es nicht übers Herz, Mirco und Fabio zu verlassen, und blieb in den folgenden Jahren in einer Ehe, die für beide Partner keine Erfüllung mehr bedeutete.

Carla traf ich hin und wieder zufällig, in der Stadt und einmal im Geschäft, in dem sie als Filialleiterin Karriere gemacht hatte. Ich kaufte einen Anzug oder einen Pullover, ich weiß es nicht mehr, und erfuhr bei dieser Gelegenheit, dass sie geheiratet hatte und Mutter von zwei Söhnen war. Ihr Leben war glücklich und komplett, was mich ehrlich freute.

WAS WÄRE GEWESEN

Die Trauer ist ein Schmerz, der alles andere auslöscht. Trotz aller Unterstützung muss jeder ganz allein durch diesen Tunnel. Ich stelle fest, dass meine Schwiegereltern und Manuel, die Freunde und Freundinnen von Carla eigene Strategien entwickeln, um mit dem Unfassbaren umzugehen. Für mich gilt: Mal lasse ich die Trauer zu, dann wieder verdränge ich sie, mal finde ich einen Umgang mit dem immensen Verlust, und im nächsten Moment verliere ich ihn wieder. Dass die Verarbeitung nicht linear verläuft, sondern von unberechenbaren Fortschritten und ebensolchen Rückschlägen geprägt ist, macht sie zu einem unglaublichen Kraftakt. Ich hadere, wünsche mir die Vermissten heute sehnsüchtig, morgen wütend zurück. Ich fühle Schuld, Leere und Verlorenheit, und manchmal will ich nur eines – tot sein.

Die Schuldgefühle, die mich von den ersten Minuten an quälten, als ich die schwarze Rauchsäule in den winterlichen Himmel steigen sah und mich fragte, ob ich vielleicht eine Kerze nicht ausgelöscht hatte, begleiten mich weiterhin. Sie werden größer. Ich fühle mich schuldig, zuerst dafür, dass meine einstige Krise mir vor Jahren so den Boden unter den Füßen weggezogen hatte, dass sie in einer Scheidung endete, was meine Partnerschaft mit Carla erst möglich machte. Schuldig aber auch für meinen Job. Für unsere Liebe. Hätte Carla einem anderen Mann ihr Herz geschenkt, wären sie und die Kinder vielleicht aus dem Spitz-birrli-Quartier weggezogen und das Verbrechen wäre vielleicht nie passiert. Diese Gedanken sind flüchtig, denn das Glück, das ich durch Carla erfahren habe, ist so viel mehr wert als alles andere. Und doch würde ich hundertmal auf alles verzichten, gäbe es den Hauch einer Chance, dass sie, dass Dion und Davin, dass Simona noch am Leben wären.

Ich denke an unseren letzten Abend zu zweit zurück, drei Tage vor dem Verbrechen, der mir wie die Erlösung von manchen Sorgen erschienen ist. Wie immer gibt es viel zu besprechen, berufliche Freuden und Ärgernisse, das bevorstehende Weihnachtsessen, Carlas Ausflug nach Konstanz. Vor allem aber: unsere Zukunft. Die Planung des Umzugs in die gemeinsam gekaufte Attikawohnung nimmt Formen an. Bereits seit Monaten besuchen wir den Bau immer wieder, beobachten, wie die Fundamente gegossen werden, Wände in die Höhe wachsen. Wie Zimmer für unsere vier Söhne entstehen, ein Wintergarten, ein Badezimmer mit direktem Zugang in den Ankleideraum. Bereits sind der massive Tisch und der Whirlpool für die Terrasse ausgesucht. Ich habe bei Carla in den vergangenen Monaten ein leises Zögern gespürt vor diesem großen Schritt, der uns zusätzlich als Familie definieren wird, der ein Statement ist für uns selbst und für die Außenwelt und dem bald schon der Bund fürs Leben folgen wird.

Wir sitzen uns gegenüber. Carla trägt die neue wasserblaue Seidenbluse, die langen, blonden Haare offen. Das Wohlwollen, mit dem wir einander betrachten, ist in fünf Jahren nicht verschwunden. Sorgen und Belastungen, die auch anderen Paaren den Alltag manchmal erschweren, sind wie weggewischt. Ich sehe Liebe in ihrem Blick, spüre Wertschätzung. Wir essen und trinken, lachen, reden und malen uns aus, wie wir in unserem neuen Zuhause leben werden.

Die einzige Kritik, die ich an diesem Abend einstecken muss, betrifft die Tatsache, dass wir in all den Jahren noch keinen einzigen Streit miteinander ausgetragen haben, was Carla meinem großen Harmoniebedürfnis und meiner grundsätzlichen Friedfertigkeit zuschreibt. Ich gelobe Besserung und verweise scherzhaft auf meine sich bald verändernde Rolle: vom Gast im Spitzbirrli-Quartier zum Miteigentümer unserer gemeinsamen neuen Wohnung. Zwar hat mich Carla hundertmal ermuntert, in jeder Hinsicht mehr Raum in ihrem Daheim zu beanspruchen, das sie einst mit ihrem Exmann eingerichtet hatte. Doch für mich wäre dies ein Eingriff in eine bestehende Privatsphäre gewesen; ich fühle mich auch so zu Hause bei Carla und den Kindern mit tausend Aktivitäten und guten Erlebnissen, die wir im Verlauf der Jahre zusammen genossen haben. Trotzdem freue ich mich sehr auf unsere gemeinsamen vier Wände, in die wir bereits in sechs Monaten, im Juni 2016, einziehen werden.

Den innigen Stunden folgt eine wundervolle Nacht. Am Morgen erwache ich froh und zuversichtlich, mit dem Gefühl, endlich angekommen zu sein und nachhaltig aus dem Weg geräumt zu haben, was Carla immer wieder verunsichert hat. Nicht Zweifel an unserer Liebe, aber die Konsequenzen all der Belastungen, die wir zu bewältigen hatten, seit sich unsere Wege sechs Jahre zuvor beinahe schicksalhaft erneut kreuzten.

DIE GROSSE LIEBE

Nach Jahren, in denen wir uns nur flüchtig sehen und nur ansatzweise wissen, was zum Leben des anderen gehört, laufen im Winter des Jahres 2009 zwei weiße Hunde auf einer verschneiten Wiese aufeinander zu. Der Bichon und der Havaneser beschnuppern einander neugierig und erahnen im anderen etwas, was nicht nur dem eigenen Äußeren ähnlich ist, sondern auch ihrem Wesen. Die Besitzer sind aus der Ferne verzückt über dieses Bild. Als wir uns nähern, erkenne ich sofort meine Traumfrau von einst. Obwohl ich zu diesem Zeitpunkt eine gestandene Persönlichkeit bin, einundvierzig Jahre alt, Familienvater und erfolgreicher Berufsmann, spielen meine Gefühle beinahe im selben Moment verrückt. Wenn ich nicht schon als Dreizehnjähriger für Carla geschwärmt hätte, würde ich sagen, es gibt sie tatsächlich: die Liebe auf den fünften Blick.

Carla umgibt noch immer dieser Zauber, sie strahlt eine große Ruhe aus, wirkt ein wenig unnahbar oder zumindest nicht für alle erreichbar. Ich befinde mich zu diesem Zeitpunkt noch in einer Ehe, von der meine damalige Frau und ich wissen, dass sie leider gescheitert ist. Während des kurzen Gesprächs mit Carla erfahre ich, dass sie vom Vater ihrer beiden Söhne getrennt lebt. Jahrzehnte sind vergangen, in denen ich immer wieder an sie gedacht habe, nie ohne Bedauern darüber, in jungen Jahren nicht mehr um sie gekämpft zu haben. Mir erscheint dieses Zusammentreffen beinahe schicksalhaft. Wir sind erwachsen geworden, haben je zwei gleichaltrige Söhne und befinden uns offenbar beide an einem Wendepunkt in unserem Leben.

Es ist ein Zufall, dass wir uns hier über den Weg laufen, aber keiner, dass wir hier sind: Wir haben uns beide für denselben Hundeerziehungskurs eingeschrieben. Den Umstand, dass sie nach der ersten Lektion ihre Leine vergisst, deute ich zu meinen Gunsten, ich rede mir ein, sie habe sie absichtlich liegen lassen, damit ich sie ihr bringe und wir uns wiedersehen. Schon am nächsten Tag stehe ich vor ihrem Haus, doch niemand öffnet. Also deponiere ich die Leine zusammen mit einer Karte und meiner Telefonnummer vor der Tür. Später erzählt mir Carla, dass sie ihrer Mutter von unserem erneuten Zusammentreffen erzählt habe, worauf Rösly ihrer Tochter den Rat gegeben habe, sich bei mir zu melden.

Was Carla zu meiner großen Freude auch tatsächlich tut. In den ersten Januartagen des Jahres 2010 verabreden wir uns zu einem Waldspaziergang. In den Bäumen glitzert der Schnee, der Himmel ist strahlend blau. Wir reden und reden. Ich weiß instinktiv, dass wir füreinander bestimmt sind, und als wir uns verabschieden, küsse ich sie. Sie scheint erstaunt, lässt es aber geschehen, und schon Tage später erwidert sie meine Küsse. Wir sind wieder auf einem Waldspaziergang, eng umschlungen, und ich sage ihr, ich sei mir sicher, dass uns dieser Weg in eine gemeinsame Zukunft führen werde. Meine Worte rufen bei Carla zwiespältige Gefühle hervor, sie will auf keinen Fall der Grund für eine Scheidung sein, das sagt sie mir klar und deutlich.

Ich versichere ihr, dass ich so oder so von zu Hause ausgezogen wäre, und wenig später vollziehe ich diesen Schritt, der sich längst angekündigt hat. Schweren Herzens, weil ich Mirco und Fabio zurücklassen muss, andererseits aber fest davon überzeugt, für uns alle das Richtige zu tun. Meine damalige Frau ist einverstanden, sie weiß, dass ich weiterhin gut für sie und die Kinder sorgen werde. Meinen Söhnen bleibe ich ein engagierter und verlässlicher Vater.

Die große Fürsorge gegenüber unseren Kindern verbindet Carla und mich. Wir verstehen und akzeptieren gegenseitig, dass unsere Kinder an erster Stelle stehen und die partnerschaftlichen Wünsche deshalb oft im Hintergrund bleiben müssen. Die Zeit der ersten Verliebtheit ist wunderbar und verheißungsvoll, leicht und unbeschwert. Das Bedürfnis, jede freie Minute mit dem anderen zu teilen, jeden Winkel seiner Seele zu erforschen und unzählige Gemeinsamkeiten zu entdecken, trägt uns, zusammen mit der großen Anziehungskraft, die zwischen uns besteht, über vieles hinweg. Aber nicht über alles.

Ich erinnere mich heute mit schmerzendem Herzen an die Monate nach dem ersten Kuss. Der Alltag ändert nichts an unserer Begeisterung füreinander, aber wir realisieren, dass jeder ein eigenes Leben mitbringt mit geliebten Kindern, aber auch mit beruflichen Verpflichtungen und mit Expartnern, die mit der neuen Lebenssituation nicht nur glücklich sind. Doch wir nehmen die Herausforderung an und sind fest entschlossen, sie gemeinsam zu meistern. Carla ist meine große Liebe, ich möchte sie glücklich sehen. Ich versuche bald, so viel wie möglich zu tragen, schwierige Situationen zu regeln. Ich bin ein emotionaler Mensch, der sich sehr in eine Beziehung vertiefen und auch um die Liebe kämpfen kann.

Im Verlauf der Zeit entdecke ich in Carla eine starke, charismatische Persönlichkeit. Sie ist voller Energie, klug, diszipliniert und zielorientiert. Strahlend und fröhlich. Sie ist eine wunderbare Mutter, aber auch eine Partnerin, mit der mich vieles verbindet:

die Freude am Genuss, an Büchern, an der Musik, an tiefen Gesprächen und Reisen. Wir finden uns in gemeinsamen Meinungen und weltanschaulichen Ansichten wieder, haben einen ähnlichen Humor. Carla bringt Probleme ohne Umschweife auf den Punkt, und wann immer ich sie um Rat frage, sind ihre Lösungsansätze für mich die richtigen.

Doch sie ist auch eine Zweiflerin, die viel fordert und früh leise Kritik äußert an unserer anstrengenden Lebenssituation mit unzähligen Verpflichtungen und einem anstrengenden Berufsalltag, der Betreuung der Kinder, der Organisation der Mahlzeiten, der Freizeitaktivitäten sowie der Pflege unserer Beziehung.

DIE NEUE FAMILIE

Menschen sind verschieden, und verschieden gehen sie auch die Liebe an. Erwartungen, Freiräume, Prioritäten. Es gibt kein Richtig und kein Falsch, nur die sich ändernden Bedürfnisse der Partner zählen, die immer wieder besprochen werden müssen. Im Alltag gehen Dinge schief, Menschen agieren und reagieren anders, als man es sich wünscht. Ich sehe vieles locker und positiv, Carla nicht unbedingt. Probleme sind für sie ein Grund, vieles infrage zu stellen. Mirco und auch Fabio bekunden anfänglich Mühe mit den neuen Umständen, es erfordert Geduld und auch viel Zeit, beiden beizustehen und die Voraussetzungen zu schaffen, dank deren sie sich in die Patchwork-Situation integrieren können. Irgendwann lasse ich meine Söhne aber auch wissen, dass es an meiner neuen Beziehung nichts zu rütteln gibt, sie zu dieser neuen Familie gehören, wozu auch gemeinsame Aktivitäten und die positive Beziehung zu den übrigen Familienmitgliedern zählen. Besonders mit meinem älteren Sohn klappt dies nach einiger Zeit sehr gut, er ist wöchentlich mehrmals bei uns, versteht sich prima mit Davin und Dion. Carla, die sich gegenüber meinen Kindern von Anfang an klug und umsichtig verhält, akzeptiert er nicht nur als neue Frau an meiner Seite, es entwickelt sich auch eine verlässliche und gute Freundschaft zwischen den beiden.

Mit Carlas Söhnen verstehe ich mich sehr gut: Als ich Davin zum ersten Mal sehe, ist er ein süßer, zutraulicher Knirps. Er ist sieben Jahre alt. Auch sein dreizehnjähriger Bruder Dion erobert mein Herz im Sturm. Beide lassen mich fast sofort an ihrem Leben teilnehmen. Ihr eigener Vater ist anfänglich präsent, doch eine schwere Erkrankung verhindert sein Engagement mehr und mehr, bis der Kontakt zu den Kindern vorübergehend abreißt. So werde ich nicht nur zu einem Freund, sondern auch zum Vaterersatz. Davin und Dion sind aus meinem Alltag schon bald nicht mehr wegzudenken. Dadurch, dass meine eigenen Söhne bei ihrer Mutter leben, sehe ich sie öfter als meine eigenen Kinder. Bald fühle ich mich Dion und Davin genauso verpflichtet wie Mirco und Fabio.

Carla und ich sind uns einig darin, dass das Wohl unserer Kinder immer an erster Stelle stehen soll. Im Verlauf der Zeit bestätigt sich mein früher Eindruck: Carla ist nicht nur eine fürsorgliche, pflichtbewusste und sehr liebevolle Mutter, die mit Dion und Davin eine fast symbiotische Beziehung unterhält. Sie findet in dieser Rolle auch ein so großes Glück, dass die Angst vor dem Verlust ihrer Kinder ein ständiger Begleiter ist. »Das Schlimmste wäre, wenn uns etwas Schreckliches passieren würde und einer zurückbleiben müsste.« Diesen Satz spricht sie bei zwei oder drei Gelegenheiten aus.

Obwohl Carla an vier Tagen pro Woche bis zu zwölf Stunden arbeitet, ist die lückenlose Betreuung von Dion und Davin durch verschiedene Personen aus dem familiären Umfeld sowie durch Karin, Carlas beste Freundin, organisiert. So zuverlässig, wie die Kinder am Morgen gestrichene Butterbrote vorfinden, haben sie auch die Gewissheit, dass sie zu ihren sportlichen Freizeitaktivitäten chauffiert und wieder abgeholt werden. Sie verbringen kaum eine Minute des Tages unbeaufsichtigt. Da sie mit Schule, freien Nachmittagen und vielen Freizeitaktivitäten einen turbulenten Alltag haben, ist die Organisation aufwendig und die Garantie eines reibungslosen Ablaufs bisweilen kompliziert und anstrengend. Carla nimmt dafür Hilfe in Anspruch und die Konsequenzen in Kauf, die damit einhergehen.

Ich umsorge Carlas Kinder wie meine eigenen. In Erziehungsfragen mische ich mich nicht aktiv ein, dennoch würde ich Dion und Davin zu mehr Selbständigkeit anregen und teile dies Carla auch mit. Doch davon will sie nichts wissen. Denke ich im Nachhinein über ihre Fürsorge nach, über ihr großes Bedürfnis, die seelische und körperliche Unversehrtheit von Davin und Dion zu gewährleisten, schießen mir Tränen in die Augen. Nichts hat geholfen. Der Wunsch nach Schutz, den man geliebten Menschen um jeden Preis angedeihen lassen will, sei es vor einem aufgeschürften Knie, sei es vor dem Tod, erweist sich als illusorisch. Alle Vorsichtsmaßnahmen sind am 21. Dezember 2015 mit Hohn gestraft worden.

DAVIN UND DION

Für Dion, der bald eine Ausbildung im Detailhandel beginnt und eigene Freundschaften und Interessen pflegt, räumen wir unser Schlafzimmer im ausgebauten Dachstock. Ein eigentliches Jugendparadies entsteht, mit Sofagruppe, eigenem Kühlschrank und einem riesigen Flachbildschirm, der für Fußball-Computerspiele genutzt wird. Monate später scherzen wir darüber, dass wir für Dion perfekte Voraussetzungen geschaffen haben, für immer im Hotel Mama zu leben. Was ich an Carla bewundere, ist, dass sie ihrem Ältesten Freiräume zugesteht, als Mutter nicht klammert und seine erste wie auch seine zweite Freundin mit offenen Armen aufnimmt. Dion ist ein ehrgeiziger junger Mann geworden, und wir zweifeln nicht daran, dass er eines Tages in einer Führungsposition sein berufliches Glück finden wird. Er ist introvertierter als Davin, hat aber eindeutig die Leader-Qualitäten seiner Mutter geerbt. Ohne sich in den Vordergrund zu drängen, ist er umgeben von einer Clique, die ihm nicht nur wohlgesinnt ist, sondern ihn auch bewundert.

Auch sein kleiner Bruder eifert ihm nach, kopiert seinen Kleiderstil, übernimmt seine Meinungen, Sprüche und Ansichten. Aber im Gegensatz zu Dion ist Davin ein kleiner Chaot, den man immer wieder mal zur Ordnung anhalten muss. Dions Reich im Dachgeschoss ist stets aufgeräumt, jeder Gegenstand steht an dem ihm zugewiesenen Platz. Was ihm in den eigenen vier Wänden wichtig ist, gilt noch mehr, wenn es um sein Äußeres geht. Wie alle anderen Familienmitglieder liebt er es zudem, bei Kerzenschein Ewigkeiten in einem mit Duftölen und anderen Zusätzen angereicherten Bad zu verweilen. Kein Wunder, dass das einzige Badezimmer im Haus an mehreren Tagen pro Woche stundenlang belegt ist. Das führt regelmäßig dazu, dass der riesige Warmwasserboiler kapituliert und irgendwann nur noch kaltes Wasser verfügbar ist.

Dion ist jederzeit perfekt gekleidet, was er anzieht, ist farblich assortiert, und die Art und Weise, wie er den Schal bindet und die Mütze auf den Kopf setzt, ist ebenso wichtig wie die exakte Länge der Hosenbeine. Eingebildet ist er glücklicherweise nicht, was zweifelsohne auch seiner Mutter zu verdanken ist, die ihre Schönheit niemals ausspielt. Von wem Dion seine Liebe zum Perfektionismus hat und ob sie nur eine vorübergehende Phase ist, wissen wir nicht. Carla arbeitet zwar in der Modebranche und mag hübsche Kleider und Accessoires, doch abgesehen von den ausgiebigen Aufenthalten in der Badewanne und stets frisch gewaschenen Haaren fehlt es ihr im Alltag meist an der Zeit für weiter reichende Schönheitsaktionen. Diese sind meiner Meinung nach auch unnötig, denn sie ist eine natürliche Schönheit und im Jogginganzug genauso attraktiv wie im Abendkleid. Am liebsten sehe ich sie in Jeans und weißer Bluse vor mir, wie sie so gekleidet aus dem Haus eilt, diese Ermahnung oder jene Anweisung rufend, mit den Gedanken bereits im Geschäft, in der einen Hand den Autoschlüssel, mit der anderen in ihrer riesigen Umhängetasche wühlend, auf der Suche nach dem Parfumflakon. Carlas Duft. Die Herznote ist luftig, die Kopfnote herb, die Basisnote riecht wie Zimt und Zucker.

Das Wohnzimmer mit einem großen Esstisch ist der Mittelpunkt unseres Familienlebens. Dort treffen wir uns an den Abenden; nach einem durchorganisierten Tagesablauf, den Carla in einem großen Wochenkalender schriftlich festhält, und nachdem die Hausaufgaben erledigt worden sind. Es wird gegessen, gelacht und diskutiert. Wenn ich nach Arbeitsschluss einkaufe und Mahlzeiten aus Carlas Rezeptsammlung koche, mit Rezepten, die zum Teil noch von ihrer Großmutter und ihrer Mutter stammen, wird die kleinste Veränderung kommentiert. Die gemütlichen Mahlzeiten, zu denen oft auch Freunde sowie Rösly und Georges gehören, dauern oft stundenlang. Fast immer kommt die Sprache auch auf das große Thema der Familie Schauer-Freiburghaus: Fußball.

Dion und Davin sind nicht nur große Fans, sondern auch große Talente. Bevor der FC Luzern auf Dion, das aufstrebende Jungtalent, aufmerksam wird, spielt er im FC Aarau und im FC Rupperswil, zu dem er zurückkehrt, als er eine Lehre beginnt und Mädchen interessanter werden als das runde Leder. Davin kickt zuerst ebenfalls für den FC Rupperswil, bewirbt sich dann beim FC Aarau, kommt dort unter Vertrag und schafft es als Juniorenspieler bis in die U14. Obwohl man mich auch nach Jahren nicht als Fußballexperten bezeichnen kann, befasse ich mich mit dem Thema, bin über die wichtigsten News im Bilde und kann mitreden. Andere Interessen verbinden uns noch mehr: Musik, Karten- und Brettspiele, Filme, Zaubertricks, Streifzüge durch die Natur und viele Aufenthalte auf dem Campingplatz gehören zu den so schönen wie schmerzhaften Erinnerungen an die beiden Kinder.

Davin ist charismatisch, genau wie seine Mutter. In der Schule ist er beliebt, beim Sport ein Star. Er ist aber auch immer noch sehr anhänglich und verspielt. Mit zunehmendem Alter zeichnet sich eine auffällige Schönheit ab. Er hat ebenmäßige Gesichtszüge, strahlend blaue Augen, weizenblondes Haar, und wenige Sonnenstrahlen reichen aus und seine Haut schimmert leicht gebräunt. Wenn wir zusammen mit Davin und Dion in den Ferien sind, folgen ihnen bewundernde und interessierte Blicke, manchmal werden sie angesprochen, und Mädchen beginnen miteinander zu tuscheln. Während Dion um seine Wirkung weiß, schwebt über Davin der unschuldige Zauber eines Kindes. Seiner Schönheit ist er sich nicht bewusst, er hat sowieso andere Prioritäten. Nebst den nun täglich stattfindenden Trainings im Klub übt er mit dem Ball auch sehr viel zu Hause, im Garten. In seinem hellgrün gestrichenen Zimmer hängen Poster von verschiedenen Fußballmannschaften, am Boden sitzt der große Bär, den Carla und ich ihm geschenkt haben, und überall sind Lego-Figuren und Lego-Technik-Fahrzeuge verteilt, die wir gemeinsam zusammengebaut haben. Als er erstmals den Wunsch äußert, eine Sportschule zu besuchen, die seine Talente fördert und ihm neben dem Schulstoff genügend Zeit einräumt, sich noch mehr dem Fußball zu widmen, ist er zwölf Jahre alt.

Bald begleite ich ihn gemeinsam mit Carla zu den fast wöchentlich stattfindenden Turnieren in der ganzen Schweiz und im grenznahen Ausland, dabei entstehen schöne Kontakte und Freundschaften zu den Familien seiner Mitspieler. Für Davin bin ich als männliche Bezugsperson sehr wichtig, das realisiere ich bei unzähligen Gelegenheiten. Er will, dass ich bei den Elterngesprächen in der Schule dabei bin, er sucht meine Nähe, möchte mit mir allein Dinge unternehmen, zieht meine Aufmerksamkeit auf sich. Ich liebe ihn und will ihm alles geben, was er braucht, aber mein enges Verhältnis zu Davin sorgt vorübergehend für Spannungen mit Fabio, der mich als Vater ebenfalls beansprucht und mit dem ich durch unsere Situation deutlich weniger Zeit verbringen kann, als mir lieb wäre.

Die Eifersucht zwischen den Gleichaltrigen wird zu einer Belastung. Wir suchen nach einer Lösung: Bisher hat mein jüngerer Sohn jedes zweite Wochenende bei uns im Spitzbirrli-Quartier verbracht, ab sofort verbringe ich diese Tage mit Fabio allein und übernachte mit ihm in Mircos Wohnung, was die Situation deutlich entschärft. Die restlichen Wochenenden verbringe ich jetzt mehrheitlich auf Fußballplätzen, was mich nicht restlos begeistert. Aber ich hoffe, dass der Sport bei Davin in den kommenden Jahren Ähnliches bewirkt wie bei Dion, der als Jugendlicher auf dem Fußballfeld überschüssige Energie loswerden konnte und in eine geordnete Gemeinschaft von Gleichgesinnten eingebunden war. Jugendrevolten oder Aufregungen über einen schlechten Umgang ziehen glücklicherweise an uns vorbei. Dion übersteht die heiklen Teenagerjahre ohne Bruchlandungen und ohne dass familiäre Bande strapaziert worden wären.

Ähnliches erhoffen wir uns auch für Davin, bei dem sich zusätzlich eine berufliche Karriere im Sportbereich abzeichnet. Bereit, dafür auch persönliche Bedürfnisse zurückzustecken, gehen wir diese Phase an, auch wenn sie abermals auf Kosten der ohnehin begrenzten Zeit geht, die Carla und ich miteinander verbringen können. Wir schaffen es dafür, eine innige Familie zu werden, die zusammenhält, Probleme gemeinsam meistert und schwierige Zeiten übersteht. Auch die Anhänglichkeit unserer beiden großen Kinder Dion und Mirco, die verbindliche Freundschaft, die wir mit ihnen aufbauen können, sind für Carla und mich ein großes Glück und die Bestätigung, dass eine Patchwork-Familie funktionieren kann. Als Ausgleich unternehmen wir hin und wieder einen Städtetrip zu zweit, der uns die ersehnte Zweisamkeit ermöglicht. Betrachte ich heute die Fotografien, die mir aus dieser Zeit geblieben sind, sehe ich uns eng umschlungen in Venedig, lachend vor dem Eiffelturm oder, uns zuprostend, im Elsass.

FAMILIÄRE KONSEQUENZEN

Nach der Tat beschäftigen und fordern mich organisatorische und finanzielle Herausforderungen sowie viele praktische Aufgaben. Viel später erkenne ich, dass solche Probleme die Trauer verschleppen und verfälschen können. Doch beinahe dankbar stürze ich mich nun in Angelegenheiten, die mich vom bodenlosen Schmerz und der allumfassenden Leere ablenken.

Nach anfänglichen Schwierigkeiten, die mit der Scheidung von uns Eltern verbunden waren, ist es Fabio, meinem jüngeren Sohn, bis zum 21. Dezember wieder sehr gut gegangen. Er ist ein lieber und aufgeweckter Junge, und ich genieße die Zeit, die wir zusammen verbringen, sei es an den Wochenenden, sei es in den Ferien. Auch nach dem Verbrechen sind wir in ständigem Kontakt. Eines Abends meldet er sich telefonisch bei mir. Er klingt verstört und berichtet, seine Mutter verhalte sich eigenartig. Aufgrund seiner Schilderungen befürchte ich einen Nervenzusammenbruch, verständige einen Arzt, und dieser weist Danira sofort in ein Sanatorium ein.

Bald erfahre ich, dass der auslösende Grund für den Zusammenbruch im 21. Dezember zu suchen ist. Angehörige, und zwar nicht nur die jeweiligen Partner, sondern auch die Expartner führen die Liste der Tatverdächtigen an. Carlas Exmann ist wieder glücklich verheiratet, aber sowohl diese Tatsache als auch der

Umstand, dass er gesundheitlich angeschlagen ist und körperlich nie zu einem solchen Verbrechen fähig gewesen wäre, verhindern nicht, dass er unter Waffeneinsatz abgeführt und auf das Polizeikommando gebracht wird. Auch die Mutter meiner Kinder wird durch ein polizeiliches Einsatzteam an ihrem Wohnort festgenommen und vor den Augen der geschockten Nachbarschaft in Handschellen abgeführt. Anschließend durchkämmen Beamte auch den letzten Winkel ihrer Wohnung, während sich Danira auf dem Kommando Aarau stundenlangen Verhören unterziehen muss. Obwohl sich Danira und ich in gegenseitigem Einverständnis getrennt haben, sind ihre Gefühle gegenüber Carla zwiespältig geblieben. Doch dies ändert nichts an der Tatsache, dass sie die Nachricht vom schrecklichen Ereignis schwer getroffen hat und auch mein Schicksal ihr nicht gleichgültig ist. Die damit einhergehenden Vorkommnisse und die Tatsache, dass sie in Handschellen abgeführt wurde, haben zu einer nervlichen Überbelastung geführt. Ein längerer Klinikaufenthalt, so informiert mich der behandelnde Arzt, sei unumgänglich.

Fabio gelangt nach der Einweisung seiner Mutter in die Klinik sofort in meine alleinige Obhut. Die vergangenen Wochen setzen ihm natürlich zu. Zudem muss er damit fertigwerden, dass er, wie bereits angedeutet, in den ersten Stunden nach dem Verbrechen von der Polizei im Glauben gelassen worden ist, sein Vater sei ebenfalls verstorben.

Jetzt leben wir zu dritt in Mircos Wohnung. Fortan schlafe ich auf der Couch im Wohnzimmer und überlasse mein Zimmer Fabio. Trotz dem Umsorgen meines Jüngsten, dem Verarbeiten der unfassbaren Geschehnisse, dem Wissen, dass viele mich für den Täter halten, trotz den Anforderungen, die durch die Tat auf mich zukommen, arbeite ich weiter zu hundert Prozent. Die volle Konzentration erreiche ich nicht und verzichte auch aus diesem

Grund vorerst auf direkte Kundenkontakte. Doch der Aufenthalt in meinem vertrauten beruflichen Umfeld, mit Menschen, die mir wohlgesinnt sind und mich unterstützen, ist mir ein großer Trost. In der neuen Situation erweist sich die Verbindung der Berufstätigkeit mit den Bedürfnissen eines Kindes aber als schwierig, und ohne die Unterstützung meiner Eltern und meines Vorgesetzten, der mit Verständnis auf meine nun häufigen Absenzen reagiert, wäre diese Aufgabe nicht zu bewältigen.

Es mag ein Detail sein, aber auch Daniras Hund ist bei mir. Niemals hätte ich es übers Herz gebracht, den treuen Begleiter, der mich und Carla indirekt zusammengeführt hat, in ein Tierheim abzuschieben. Zur Arbeit mitnehmen kann ich ihn allerdings nicht. Mein älterer Sohn hat zum Glück eine verständnisvolle Lehrmeisterin und darf den Hund fortan zur Arbeit mitnehmen, wo er in einem Körbchen unter seinem Pult liegt und über Mittag ausgeführt wird. Aber mehr noch – jeden Morgen finde ich zudem eine Tüte mit frischen Brötchen im Milchkasten, die Mircos Chefin auf dem Weg zu ihrer Arbeit, der sie an unserer Wohnung vorbeiführt, dort deponiert. Eine großartige Geste, die mir hilft, den Kopf über Wasser zu halten.

Viele Menschen unterstützen mich ohne große Worte, sondern mit kleinen, wohlüberlegten Aktionen, die mich im Alltag enorm entlasten. So auch Fabios Lehrerin, die mir bald schon von seinem Leistungsabfall in der Schule berichtet. Mit bangen Gefühlen begebe ich mich zum von ihr angeregten Gespräch, bei dem auch der Schulpsychologe anwesend sein wird. Ich befürchte bereits Sanktionen, das heißt die Wiederholung einer Klasse oder die Versetzung von Fabio in die Realschule. Doch meine Sorge ist unbegründet: Bis es Fabio wieder besser gehe, würden nur noch die genügenden Leistungen bewertet. Diese pragmatische und kluge Entscheidung befreit mich von enormem Druck.

Dann erreicht mich allerdings ein Schreiben des Familiengerichtes Lenzburg, das im Bezirk Lenzburg die Aufgaben der Kindes- und Erwachsenenschutzbehörden (KESB) übernimmt. Man hat dort vom Ausfall der erziehungsberechtigten Mutter erfahren und will von mir nun wissen, wie es um die Betreuung von Fabio bestellt ist. Ich werde zu einer Anhörung vorgeladen und muss unzählige Fragen zu unserer Wohnsituation beantworten. Drei Personen, die zusammen mit einem Hund in einer Dreizimmerwohnung untergebracht sind, das ist in der Schweiz offenbar eine verdächtige Situation. Akribisch schildere ich den Alltag meines Sohnes, wo und wann er die Mahlzeiten einnimmt, durch wen er betreut wird, wenn ich arbeite, wie viel Zeit wir miteinander verbringen. Es geht um praktische Aspekte. Die Frage, ob ich aufgrund des Vorgefallenen seelisch überhaupt in der Lage bin, meinem Kind eine angemessene Bezugsperson zu sein, ist nicht von Interesse, und eine Hilfeleistung in der einen oder anderen Weise wird weder angesprochen noch angeboten.

Als dann auch Fabio vorgeladen wird und bestätigt, dass er gern bei mir, seinem Vater, und seinem Bruder Mirco lebt, glaube ich, die Angelegenheit habe sich erledigt. Doch schon wenig später meldet sich – im Auftrag des Familiengerichtes – die Jugend-, Ehe- und Familienberatungsstelle Lenzburg bei mir, und wieder muss ich vortraben und fühle mich dabei so ähnlich wie bei einem Bewerbungsgespräch: Ich bewerbe mich um die Betreuung meines jüngeren Sohnes. Es werden verschiedene Szenarien durchgespielt. Man deutet an, dass bei Nichterfüllung der Vorgaben eine Heimeinweisung von Fabio drohe. Ich bin alarmiert. Dass man mir Fabio wegnimmt, ist absolut keine Option. Ich muss mich – sollte Danira länger ausfallen – mit dem Gedanken tragen, eine neue Stelle mit geringerem Anforderungsprofil zu suchen, damit ich mein Arbeitspensum verringern und so die vollständige Betreuung von Fabio gewährleisten kann, und zwar nach den Vorgaben der Behörden. Die Vorstellung, nach über fünfzehn Jahren im gleichen Betrieb einen Wechsel vollziehen zu müssen und auch noch in diesem Bereich alles zu verlieren, was mir Sicherheit und Halt gibt, bereitet mir große Sorgen. Ich beschließe, auf die baldige Genesung von Danira zu hoffen und alles Weitere auf mich zukommen zu lassen, da es mir im Moment an Kraft fehlt, mich mit hypothetischen Problemen zu befassen.

Bald meldet sich auch der Jugendpsychologische Dienst Lenzburg, der ein Gespräch mit Fabio und mir führen will. Eine gute Erfahrung: Fabio darf erzählen, wie er den 21. Dezember und alles danach erlebt hat, und ich spüre echtes Interesse an unserer Situation. Man will Fabio bei der Bewältigung der schrecklichen Geschehnisse helfen, und nach einigen Einzelgesprächen mit einer Psychologin scheint dies zu gelingen. Auch seine schulischen Leistungen verbessern sich wieder.

Im Alltag finde ich Trost bei meinen Söhnen. Bei ihnen weine ich mich aus, sie geben mir die Kraft, weiterzumachen, einen Tag nach dem anderen in Angriff zu nehmen. Mirco ist ein junger Mann, wir pflegen ein inniges Verhältnis. Das war schon immer so, aber nun lässt er mich kaum aus den Augen, will mich nicht alleinlassen. Da wir unter einem Dach leben, ergibt sich das Beisammensein auch ohne Planung beinahe selbstverständlich. Auch er trauert. Um Carla, die er sehr gemocht und die er wöchentlich gesehen hat. Um Dion, der ihm ein Freund, und um Davin, der ihm fast ein kleiner Bruder geworden ist. Wir reden nächtelang und sind auch tagsüber in ständigem Kontakt.

Und doch beschleicht mich ihm gegenüber ein schlechtes Gewissen. Die Jugend ist eine kurze, nie mehr wiederkehrende Zeit.

In diesem Alter ist die Fähigkeit, zu regenerieren, meist intakt und macht, dass die Leichtigkeit und das Glück schneller zurückkehren als in späteren Jahren. Doch Mirco ist erst zwanzig Jahre alt und bereits um das Wohl seines Vaters besorgt, unterstützt diesen emotional, trägt Verantwortung auch für ihn. Dabei müsste er selbst das Unfassbare verarbeiten können, was durch dieses große Engagement erschwert wird.

Die Anwesenheit von Fabio hilft uns beiden, wie wir bald realisieren. Ein noch junges Kind beansprucht Vater oder Mutter, ohne sich Gedanken zu machen, es fordert einfach ein, was ihm zusteht, was es zum Aufwachsen braucht – Aufmerksamkeit, Liebe und Fürsorge. Das ist meine Rettung. Fabio hilft mir bei den ersten Schritten in ein Leben zurück, das ich eigentlich nicht mehr leben will. Aber leben muss ich, das bin ich meinen Söhnen schuldig.

Es sind die kleinen Dinge, die mich nun jeden Morgen aufstehen lassen: Ich muss wieder einkaufen und kochen. Mit Fabio ins Schwimmbad gehen. Mit Mirco nächtelang diskutieren oder auch schweigen. Mich meinen Kindern zu widmen, das merke ich bald, ist kein Kraftaufwand, der mich belastet. Für sie da zu sein und zu realisieren, wie sehr sie für mich da sind, zeigt mir vielmehr auf, dass der Rückzug keine Lösung ist, um die schlimmste Zeit meines Lebens zu überstehen. Was mir hilft, ist der Alltag und Menschen, die mich brauchen.

Auch treue Freunde sind auf diesem Weg ein Rettungsanker. Ihrer Unterstützung, ihrem Verständnis, ihrer Loyalität verdanke ich unglaublich viel. Christian. Eric. Bruno. Thomas und Ursula. Mario. Beate und Kurt. Uns verbinden gemeinsame Geschichten, Erlebnisse, glückliche Momente. Mit Christian war ich bereits in der Rekrutenschule. Unter der Dusche sangen wir Lieder von Polo Hofer, spielten in derselben Band. Später ist er mir ein Berater bei Fragen rund um die Kindererziehung, und beide essen wir gern gut. Mit Eric verbinden mich sportliche Aktivitäten, das Kochen und die Liebe für edlen Whisky. Mit Bruno besuche ich die Sauna, und ein- bis zweimal pro Jahr finden gegenseitige Einladungen statt. Mit Thomas habe ich lange Zeit Tennis gespielt und mit ihm und seiner Partnerin Ursula manches Grillfest in unseren Gärten erlebt, zusammen mit unseren Kindern. Mario ist Kaufmann und Versicherungsberater. Ursprünglich hatten wir eine Geschäftsbeziehung, entdeckten jedoch später Gemeinsamkeiten: Wir beide lieben es, auf dem Sattel einer Harley zu sitzen und uns mit Gleichgesinnten zu treffen. Mit Beate und Kurt haben Carla und ich Ferien in Grindelwald verbracht und wenige Tage vor dem Verbrechen das letzte gemeinsame Fondue genossen.

In guten wie in schlechten Zeiten: Meine Freunde und ihre Partnerinnen öffnen mir die Türen zu ihren Häusern und zu ihren Herzen. Das Drama ist auch für sie selber eine enorme emotionale Belastung, doch sie weichen nicht von meiner Seite. Sie leisten praktische Hilfe, nehmen mich in die Ferien mit, schaffen kleine und große Inseln, geben mir Halt. Sie verzeihen mir eigene Versäumnisse in der Vergangenheit und zeigen mir, was echte Freundschaft ist. Sie helfen mir, erneut an das Gute glauben zu können. Dafür werde ich ihnen ein Leben lang dankbar sein.

UNGELÖST

Dem harten Winter folgt der Frühling: Wiesen voller Schnee-
glöckchen und Primeln. In dieser Jahreszeit sterben offenbar,
anders als gemeinhin angenommen, besonders viele alte Menschen. Weil es ihnen an Kraft und Zuversicht mangelt für den
Neuanfang, die Veränderung. Bereits ist die Hosenfarbe, die
Dion so gemocht hat, nicht mehr aktuell. Carlas Arbeitsstelle ist
neu besetzt. Davins Platz im Fußballklub hat ein neuer Spieler
eingenommen. Der oder die Täter sind noch immer auf freiem
Fuß. Was hat er, was haben sie in den vergangenen drei Monaten
gemacht? Einfach weitergelebt? Die ersten Sonnenstrahlen genossen? Die Vögel pfeifen gehört? Findet er, finden sie Schlaf? Was
fühlt er, was fühlen sie?

Ich sehe am makellos blauen Himmel Flugzeuge weiße Streifen
in den Himmel ziehen und erinnere mich an die Zeit, als Carla
und ich zusammen in die Ferien flogen. In diesem Moment fährt
ein Cinquecento an mir vorbei, ihr Lieblingsauto. Ein junger,
blonder Mann kommt um die Ecke, er trägt die gleiche Kleidung,
wie sie Dion mochte, und auch seine Körperhaltung erinnert
mich an ihn. Als er mir freundlich zulächelt, zucke ich zusammen. Werde ich noch in zwanzig Jahren in Kindern Davin erkennen und Carla als Achtundvierzigjährige sehen? Jung Verstorbene werden niemals alt. Die ersten grauen Haare, die Lachfältchen,

85

die sich vertiefen, alles fehlt. Nie werden Carla und ich sehen, wie Dion und Davin heiraten, nie ihre Kinder in den Armen halten, keine fernen Länder mehr zusammen entdecken und später, wenn vieles nicht mehr möglich ist, nicht gemeinsam auf das Gewesene zurückblicken können. Uns im hohen Alter nicht stützen, nicht trösten, nicht ganz selbstverständlich aufeinander verlassen können. Die Zeit mit Carla und den Kindern ist mit dem Tod zum Stillstand gekommen. Was bleibt, ist das, was wir gehabt und genossen haben, doch selbst die schönsten Erinnerungen sind mit einer allumfassenden Trauer verbunden. Unfassbar, dass nichts mehr ist, wie es war, und alles, was hätte sein können, unerfüllt bleiben wird. Für immer.

Die polizeilichen Befragungen von uns Angehörigen werden weniger, was ungute Gefühle auslöst. Am Anfang wurden jedes Mal hundert bis zweihundert Fragen gestellt, ein anstrengendes Prozedere, das uns tief in die Erinnerungen an das Verbrechen eintauchen ließ, doch gleichzeitig entstand der Eindruck von Dynamik und Fortschritt. Jetzt müssen wir es aushalten, nicht mehr involviert zu sein und nicht zu wissen, ob das Einsatzkommando einer Spur folgt oder noch immer im Dunkeln tappt. Hoffnungslosigkeit breitet sich aus. Wir müssen uns der Möglichkeit stellen, dass das Verbrechen nie aufgeklärt wird, dass all unsere Fragen für immer unbeantwortet bleiben werden. Auch die Angst, dass dieser unfassbaren Tat eine weitere folgen könnte, bereitet uns große Sorgen.

Wieder und wieder rekapitulieren wir die Wochen vor dem Verbrechen und die Geschehnisse vom 21. Dezember. Wir zermartern uns das Gehirn, sehen in Details Bedeutungen, die nicht existieren, und übersehen, so unsere Angst, dabei vielleicht etwas anderes, was wichtig gewesen wäre. Nach dem Verbrechen suchten Dutzende von Beamten das Feld neben dem Haus nach der Tatwaffe ab, offenbar einem Messer – ohne Erfolg. Da dieses noch immer unauffindbar ist, unterbreite ich dem zuständigen Polizisten meine diesbezüglichen Überlegungen: Als »Koch« der Familie kenne ich jedes Messer in unserem Haushalt und könnte mit absoluter Sicherheit sagen, ob eines fehlt. Wäre dies der Fall, wäre die vermutete Tatwaffe beschreibbar. Fehlt kein Messer, wäre das, so meine Überlegung, ebenfalls eine wichtige Aussage, denn man wüsste mit Sicherheit, dass von dem oder den Mördern eine eigene Waffe verwendet wurde.

Tage später gehen die Ermittler meiner Vermutung offenbar nach. Obwohl seit vielen Wochen niemand mehr das Haus von Carla betreten darf, befindet sich just zum Zeitpunkt, als die Messerbestände im Haus fotografiert werden, der Boulevardjournalist vor Ort, der die Szenerie fotografiert und einen entsprechenden Artikel mit wilden Spekulationen verfasst, den ich anderntags zu Gesicht bekomme. Die Frage, warum er von dieser Aktion weiß, kann ich nur so beantworten: Er kann vermutlich auf eine polizeiinterne Quelle zurückgreifen. Tage später legt mir die Polizei die Bilder unserer Messer vor: Es fehlt keines.

Mitte April erreicht uns die Nachricht, die deutsche Fernsehsendung »Aktenzeichen XY… ungelöst« befasse sich mit dem »Fall Rupperswil«. Die Meldung schürt unsere Hoffnung, dass manche Fragen neu gestellt werden und es bei bis zu 5,5 Millionen Zuschauern und einer Aufklärungsquote von 46 Prozent zu brauchbaren Hinweisen, vielleicht sogar zu einem Erfolg kommen könnte. Gleichzeitig sehen wir aber unsere schlimmste Befürchtung bestätigt: Die Schweizer Polizei folgt offenbar keiner konkreten Spur, sonst wäre sie nicht auf die Hilfe der Sendung angewiesen. Unter dem Titel »Das Todeszimmer von Rupperswil – Exklusiv-Bilder vom ›XY‹-Dreh« erscheint in der Boulevardzeitung ein Bericht zu diesem Vorhaben. Ich muss davon ausgehen, dass die Informationen den Tatsachen entsprechen, denn der Artikel beinhaltet den Hinweis, das Drehbuch sei von den Aargauer Ermittlungsbehörden abgesegnet worden.

Dass eine renommierte Fahndungssendung nicht aufgrund bloßer Annahmen arbeitet, liegt auf der Hand. Für die Filmarbeiten müssen der Crew Informationen zur Verfügung gestanden haben, die noch nicht öffentlich bekannt sind. Die Illustration des Artikels zeigt ein nachgebautes Zimmer. Die Wände sind schwarz vom Feuer und vom Rauch, und durch die Tür stürmen Feuerwehrleute mit Schutzmasken vor den Gesichtern. Was gezeigt wird, soll offenbar der Situation entsprechen, die die Feuerwehrleute von Rupperswil am 21. Dezember vorgefunden haben.

Mir wird schwindlig, als ich den Bericht lese, der unfassbare, für uns unbekannte und, wie sich später herausstellen sollte, falsche Informationen enthält. Ich zitiere: »Carla Schauer sieht man im Film von hinten. Gefesselt auf einem Stuhl. Im selben Raum liegt Dion. (…) Davin liegt in der Mitte des Raumes, zugedeckt mit Gegenständen, die wohl angezündet wurden. Simona liegt bäuchlings auf einem Sofa.«

Was wir bis zu diesem Zeitpunkt mit aller Kraft zu verdrängen versuchten, nämlich die furchtbare Möglichkeit, dass alle vier im selben Raum ermordet wurden und vor ihrem eigenen Tod das Sterben der anderen miterleben mussten, wäre demnach bestätigt. Wir können nicht länger verdrängen, dass neben all dem Grauen auch Sadismus mit im Spiel gewesen sein könnte und das Leiden von Carla, ihren Kindern und Simona bewusst verlängert wurde.

SPUREN IM SAND

Während unser Mitteilungsverbot andauert, geht die Polizei weiteren Hinweisen aus der Bevölkerung nach, führt neue Einvernahmen durch, überprüft Zehntausende Daten von Handys und von unzähligen Dashcams – Kameras, die auf den Armaturenbrettern oder der Windschutzscheibe von Autos installiert werden und die Fahrt live aufzeichnen. Fachleute aus der Schweiz und dem Ausland unterstützen die vierzigköpfige Sonderkommission. Die Schwierigkeit des Falls liegt im Umstand, dass der Brand fast alle Spuren getilgt hat, das Verbrechen offenbar »umsichtig« geplant wurde und von dem oder den Mördern, anders als bei Taten, die im Affekt geschehen, wenige Fehler gemacht wurden. Kommt dazu, dass das allfällige Motiv noch immer unklar ist. In der Zwischenzeit haben sich über drei Dutzend Männer und Frauen bei der Polizei gemeldet, die nach eigenen Aussagen über übersinnliche Kräfte verfügen, sich als Medium oder hellsichtig bezeichnen und, vermutlich auch mit Blick auf die Belohnung, die in Zusammenhang mit der Aufklärung der Tat in Aussicht gestellt worden ist, sachdienliche Hinweise abgeben wollen. Leider kontaktieren solche Leute auch Mirco, der verständlicherweise mit Angst reagiert.

Der Esoterik stehe ich grundsätzlich skeptisch gegenüber. Allerdings: Mein Freund Thomas und seine Partnerin Ursula laden mich kurz nach der Tat – über Silvester – für ein paar Tage in die Nähe von Klosters ein, auch Bruno soll zu uns stoßen. Die Vorstellung, mit Freunden zusammen zu sein, ihre Zuneigung und ihr Mitgefühl zu spüren, tröstet mich, und so willige ich ein. Bis zu diesem Zeitpunkt habe ich außerhalb der Familie mit niemandem über das Verbrechen gesprochen. Mit meinen Freunden gelingt es mir. Dennoch verbinden mich mit diesen letzten Tagen des Jahres 2015 zwiespältige Gefühle, am liebsten möchte ich bei Rösly, Georges, Manuel und meinen Söhnen sein und fühle mich doch zu instabil, um vorzeitig abzureisen.

Ich erlebe eine unruhige Nacht, in der mich schreckliche Visionen zum Tod von Carla und den Kindern verfolgen. Als ich am Morgen aus dem Fenster blicke, denke ich an Wintertage zurück, an denen ich eiskalte Kinderfinger in meinen Händen wärmte, an rasante Skiabfahrten mit den Buben, an Schneeballschlachten. Sehe vor meinem inneren Auge Carla mit ihren Ohrwärmern aus weißem Plüschfell, in den Haaren glitzernde Eiskristalle. Unsere Skiferien sind gebucht, wir wollten ins Berner Oberland. Wehmut und Trauer überwältigen mich.

Am Vorabend hat eine ebenfalls anwesende Bekannte meiner Freunde bei einem Glas Wein erzählt, dass sie als Heilerin und Medium arbeite und im alten Bauernhaus auch Seminare und spirituelle Rituale durchführe. Da ich Ulrike für einen verantwortungsbewussten Menschen halte, habe ich für diesen Morgen eine Sitzung mit ihr vereinbart, von der ich mir Entspannung und Kraft für den Wiedereinstieg ins Berufsleben erhoffe, mehr nicht.

Feine Düfte und leise Musik begleiten das meditative Szenario, heiße Steine und ein Pendel kommen zum Einsatz. Sie sollen Energiefelder kreieren, die mich beruhigen und meinen Schmerz etwas lindern. Und tatsächlich tritt nach der Behandlung Ruhe ein, und nach einer Tasse Tee fühle ich mich stark genug, frühzeitig ins Unterland zurückzukehren.

Ein paar Wochen später meldet sich Ulrike bei mir und sagt, sie habe im Zusammenhang mit dem Verbrechen eine Eingebung gehabt. Im Zimmer von Davin sei etwas übersehen worden, es könne sich um eine Spur, auf jeden Fall aber um einen wichtigen Hinweis handeln. Ihren Rat, diese Information der Polizei mitzuteilen, beherzige ich. Doch erst Monate später werden sich Ulrikes Worte als richtig erweisen. Ein Indiz ist übersehen worden oder konnte aufgrund des Feuers nicht nachgewiesen werden, eine Spur, die das eigentliche Tatmotiv erklärt hätte.

Nach den Erfahrungen mit Ulrike stehe ich der Esoterik zwar nicht weniger kritisch gegenüber, halte es aber für möglich, dass hinter dem Sichtbaren etwas existiert, von dem der rationale Mensch zu wenig weiß. Dementsprechend beunruhigt bin ich, als Mirco mir erzählt, es habe sich eine Frau bei ihm gemeldet, die von sich behaupte, übersinnliche Kräfte zu besitzen, und die ihm gesagt habe, er werde das nächste Opfer sein. Wir benachrichtigen unverzüglich die Polizei. Die »Informantin« wird überprüft und ermahnt, künftig vorsichtiger mit solchen Prophezeiungen umzugehen. Dennoch patrouillieren nun wieder regelmäßig Polizeifahrzeuge an unserem Wohnort vorbei, den wir so schnell als möglich für immer verlassen möchten.

KEIN ZUHAUSE

Mirco und ich entscheiden, unsere Wohngemeinschaft weiterzuführen, machen uns aber ernsthafte Gedanken über einen Wohnortswechsel. Meinen jüngeren Sohn beziehen wir in diese Planung nicht mit ein, denn Danira konnte nach zweieinhalb Monaten Aufenthalt glücklicherweise aus der Klinik zurückkehren, und es geht ihr so gut, dass sie sich wieder um Fabio kümmern kann.

Ich sehne mich nach einem Zuhause, das mich vom Nomadenleben befreit und mir etwas mehr Platz bietet, aber auch nach zusammenpassender Bettwäsche, einer gut eingerichteten Küche, einem eigenen Kleiderschrank und hübschen Möbeln, kurz: nach einer neuen Ordnung und wiedergewonnener Kontrolle über meine aus den Fugen geratene Existenz. Ich wünsche mir auch einen Ort der Ruhe und Behaglichkeit, der mir Schutz bietet, wenn ich mich schlecht fühle und wenn es mir an Energie fehlt, die Wochenenden – vor allem jene, an denen Fabio jetzt wieder bei seiner Mutter ist – mit Aktivität zu füllen. Mirco und ich suchen, aber es bleibt beim Wunsch nach einem größeren, gemütlicheren Dach über unseren Köpfen. Denn die Folgen des Verbrechens führen dazu, dass die Bewältigung der Vergangenheit immer wieder mit der Planung der Zukunft kollidiert.

Die gemeinsam gekaufte Attikawohnung ist ein Projekt, in das Carla und ich viel Zeit und Herzblut gesteckt haben. Ohne das schreckliche Verbrechen wären wir nun damit beschäftigt, Umzugskisten zu packen, neue Möbel auszusuchen und uns auf unsere Zukunft im neuen Heim zu freuen. In den ersten Wochen nach der Tat möchte ich unser Projekt um jeden Preis realisieren und stelle mir vor, wie die weiße Küche samt Kochinsel, die sich Carla gewünscht hat, das lichtdurchflutete Schlafzimmer und das riesige Wohnzimmer mit der Feuerstelle mir Trost spenden. Doch irgendwann erkenne ich einen anderen Grund im verzweifelten Festhalten an diesem Plan, den Versuch, die Zeit zurückzudrehen und so zu tun, als ob alles »normal« wäre. Bei diesem Verhalten ertappe ich mich auch sonst immer wieder: Seit dem 21. Dezember sind bereits drei Monate vergangen, und noch immer erwarte ich jeden Tag Carlas, Dions und Davins Rückkehr, stelle mir vor, wie sie mit großen Koffern braun gebrannt aus den Ferien zurückkehren, und höre mich sagen: »Es wurde langsam Zeit, dass ihr wieder da seid, ich habe euch unendlich vermisst.« Solchen Illusionen hänge ich oft nach und fühle für Sekunden Erleichterung und Freude.

Doch heute lässt sich mein Herz wieder einmal nicht täuschen: Ich betrete den Rohbau, spüre Fremdheit, ja Feindseligkeit. Ich gehöre nicht mehr in dieses sorgfältig geplante Zuhause, rieche an den frisch getünchten Wänden, höre meine Schritte hallen. Ich trete auf die Terrasse mit der atemberaubenden Aussicht und erkenne, dass ich schon am ersten Abend nach dem Einzug in diesen Wänden ersticken würde, erkenne, dass ich einen Schlussstrich ziehen muss. Zu akzeptieren, dass ich unseren Traum einer anderen Familie überlassen muss, die hier ein neues Glück finden wird, fällt mir erst nach vielen weiteren Tagen weniger schwer. Was ich nie akzeptieren möchte, sind die Worte »Sie sind tot, sie kommen nie wieder zurück«, und doch rufe ich mich immer wieder zur Ordnung, das Unfassbare endlich zu verinnerlichen.

Ich muss mich regelrecht dazu zwingen, die Immobilie zum Kauf anzubieten. Mirco bestätigt nochmals, dass er weiterhin mit mir zusammenleben möchte, und wir denken nun darüber nach, gemeinsam eine neue Wohnung zu kaufen. Ich inseriere die Attikawohnung auf einer spezialisierten Plattform. Das Interesse ist groß, ein Paar aus dem Berner Seeland besichtigt den Rohbau und entscheidet praktisch an Ort und Stelle, das Objekt kaufen zu wollen. Ich beauftrage den Notar in meinem und Carlas Namen mit dem Entwurf eines Kaufvertrags. Mit dem vorerst offenbar reibungslosen Ablauf des Verkaufs ist ein Gefühl der Erleichterung verbunden. Doch schon kurz darauf erreicht mich die Nachricht des Notars, dass für den Miteigentumsanteil von Carla stellvertretend das Konkursamt eingeschaltet werden müsse, da die gesetzlichen Erben die Hinterlassenschaft ausgeschlagen hätten.

Der Hintergrund ist folgender: Nachdem das Einfamilienhaus im Spitzbirrli-Quartier am 21. Dezember versiegelt worden ist, bleibt es lange Zeit unbetretbar. In den ersten Wochen verrichtet die Spurensicherung ihre Arbeit, danach müssen weitere kriminalistische Ermittlungen durchgeführt werden, um den Tathergang zu rekonstruieren oder dies zumindest zu versuchen. Und obwohl das Haus auch in den folgenden Monaten unter Verschluss bleibt, drängen sich Erbschaftsfragen auf, die geregelt werden müssen. Für Carlas Eltern, Rösly und Georges, steht schon sehr bald fest, dass sie mit einem Haus, in dem ihre Tochter, ihre beiden Enkel und die Freundin des einen ermordet worden sind, nichts mehr zu tun haben wollen. Die Vorstellung, ein Zuhause auflösen zu müssen, mit dem sie glückliche Stunden, aber auch die Ermordung ihrer Liebsten verbinden, übersteigt verständlicherweise die Kräfte meiner Schwiegereltern. Hätten sie das Erbe angenommen, wären auch organisatorische Verpflichtungen auf sie zugekommen. Die gesamte Immobilie hätte saniert und der Großteil der Möbel entsorgt werden müssen, und ob sich Mieter oder gar Käufer für ein Haus gefunden hätten, in dem vier Menschen getötet worden sind, steht in den Sternen. Rösly und Georges haben das Erbe also ausgeschlagen und gehofft, ein wenig zur Ruhe zu kommen.

Zum Zeitpunkt, als ich meinen Teil der Attikawohung verkaufen möchte, um mir ein neues Daheim kaufen zu können, sind die offiziellen Stellen der Meinung, ohne Erben gehe ein allfälliger Überschuss trotz Ablehnung der Hinterlassenschaft an Rösly und Georges. Später stellt sich heraus, dass wir vor einem langwierigen Prozess stehen, da das Konkursrecht etliche Schritte und Fristen vorschreibt, bevor der Verkauf über die Bühne gehen kann.

Doch das sind nicht die einzigen Stolpersteine. Ich greife jetzt vor: Nachdem der Täter gefasst ist, wird klar, dass gar nicht Carlas Eltern erbberechtigt sind, da Carla nicht, wie anfänglich angenommen wurde, zuletzt gestorben ist, sondern Davin, der also als Erbe seiner Mutter gilt. Dies wiederum bedeutet, dass Davins leiblicher Vater der rechtmäßige Erbe ist und somit er bestimmen kann, was mit dem Haus im Spitzbirrli-Quartier geschehen soll, und auch beim Verkauf der Attikawohnung als Mitunterzeichner figurieren muss. Carlas Exmann erfährt von diesem Erbe aber erst, als die Frist, es auszuschlagen, bereits verstrichen ist, worauf er einen Anwalt einschaltet, um die Hinterlassenschaft rückwirkend auszuschlagen.

Nun wird erneut das Konkursamt zuständig und muss stellvertretend für die fehlenden Erben darüber bestimmen, ob die Attikawohnung den Besitzer wechseln darf. Der Erlös von Carlas Anteil fällt dem Staat, dem Kanton, der Gemeinde zu. Später wird die Angelegenheit abermals zu einer Sache des Gerichts werden. Ein findiger Jurist erkennt im Umstand, dass Davin keine Gelegenheit mehr hatte, von seinem Recht Gebrauch zu machen, sich zu überlegen, ob er seinen leiblichen Vater als Erben einsetzen wolle oder eher die Großeltern, einen Missstand. Das Gericht gibt dem Anwalt recht, und so werden Rösly und Georges zum zweiten Mal als Erben bestimmt. Sie schlagen die Hinterlassenschaft erneut aus. Nun bestimmt das Bezirksgericht Lenzburg, dass die Erbschaft konkursamtlich zu liquidieren sei, worauf das Konkursamt mit seiner Arbeit von vorn beginnt und die Fristen neu gesetzt werden müssen.

Die Beschlüsse sind in juristischer Sprache verfasst, es wird auf Paragrafen verwiesen und kühl und sachlich über das »summarische Verfahren betreffend Nachlassliquidation« gesprochen. Die Schriften zu lesen, ist schmerzhaft, und die Finessen erscheinen uns bisweilen absurd. Aber die Situation ist für alle – auch für die Ämter – in jeder Hinsicht ein Novum, und ich habe Verständnis, dass verschiedene Amtspersonen davon überfordert sind. Hingegen stört es mich gewaltig, dass manche Experten Spitzfindigkeiten ins Feld führen, weil sie sich im Rahmen dieses Präzedenzfalles offenbar profilieren wollen.

Aufgrund der Verzögerungen besteht für mich das Risiko, dass die interessierten Käufer abspringen, was sie zum Glück nicht tun. Auf der anderen Seite muss ich aber auf ein mir bereits zugesichertes Grundstück verzichten. Bis der Verkauf der Attikawohnung über die Bühne gegangen ist, kann ich mir kein neues Dach über dem Kopf leisten.

HALLWILERSEE

Die Sehnsucht nach einem neuen Daheim bleibt vorerst unerfüllt. Aber es gibt einen Ort, den ich aufsuchen kann, wenn ich mich zurückziehen will: Carlas und mein Haus auf zwei Rädern. Es steht, umgeben von Bäumen, auf einer großen Wiese am Hallwilersee und ist mit wunderschönen Erinnerungen verbunden. Campieren, das war mir vor der Beziehung mit Carla fremd, ich habe es immer mit gestauter Hitze, stechenden Mücken und nicht wirklich hygienischen Gemeinschaftsduschen gleichgesetzt. Aber Carla, deren Eltern seit Jahrzehnten passionierte Camper sind, hat schon als Kind zahlreiche Urlaube in Wohnwagen und Zelten verbracht. Ihre Begeisterung ist ansteckend, und unsere erste Reise, die wir als frisch Verliebte mit dem Zelt unternehmen, bleibt unvergessen. Denn siehe da, der mangelnde Komfort stört mich nicht, im Gegenteil.

Später kaufen wir einen Wohnwagen und nutzen ihn als wunderbare Möglichkeit, den Alltag hinter uns zu lassen, und zwar ohne große Wegstrecken zurücklegen zu müssen. So gelangen wir schnell an verwunschene Plätze. Als wir in einer sanft geschwungenen Landschaft am Hallwilersee einen Zeltplatz entdecken, mieten wir tage- und manchmal auch wochenweise einen Standplatz und verbringen dort manches unbeschwerte Wochenende und auch viele Ferien.

Ich erinnere mich gut daran, wie wir gemeinsam unseren neuen Wohnwagen auswählen. Modelle, die zwar gemütlich scheinen, aber nur mit dem Notwendigsten ausgestattet sind und über wenig Platz verfügen, interessieren uns nicht. Wir sind beide nicht mehr zwanzig und möchten auf einen gewissen Komfort nicht verzichten. Wir begutachten Wohnwagen, die nicht nur in Sachen Behaglichkeit und Schönheit, sondern auch punkto moderner Technik keine Wünsche offen lassen. Schließlich entscheiden wir uns für ein geräumiges und wirklich exklusives Modell: Die Wohnfläche umfasst über zehn Quadratmeter, ist mit einer Essecke, die man zu einem zusätzlichen Bett umfunktionieren kann, einem Schlafabteil und einer Küche mit großem Kühlschrank ausgestattet. Es gibt eine Dusche samt Toilette, eine Heizung, Boiler, Klimaanlage und einen Satellitenfernseher. Wir fühlen uns fortan auf dem Campingplatz wie im Hotel.

Für die Kinder bedeuten der Wohnwagen und sein traumhafter Standort Abenteuer und Paradies in einem, voller Freiheit, Ruhe, Abwechslung. Wir schwimmen jeden Tag im See und streifen durch den nahe gelegenen Wald. Wir spielen Karten, basteln eine Steinschleuder und horchen, wenn der Abend hereinbricht, den Geräuschen der Dämmerung. Nichts lenkt ab, nichts muss erledigt werden. Ohne auf Annehmlichkeiten verzichten zu müssen, leben wir hier im Rhythmus der Natur, fühlen uns frei und unbelastet. Nach einigen Monaten beschließen wir, den Standort über das ganze Jahr fest zu buchen.

Der Wohnwagen ist, anders als das Einfamilienhaus in Rupperswil, unser gemeinsam eingerichtetes Zuhause, vielleicht lieben wir ihn aus diesem Grund so sehr. Ich bin ab und zu auch allein hier, zum Beispiel, wenn der Tag stressig war und ich Zeit für mich brauche. Dann fahre ich nach der Arbeit nach Hause, packe einen Anzug, ein gebügeltes Hemd und Wäsche für den nächsten Morgen in eine Tasche, verabschiede mich von Carla und sitze schon eine Stunde später auf dem Vorplatz unseres Wohnwagens.

Mancher Nebel, der im Alltag klare Gedanken verunmöglicht, lichtet sich hier. Das ist auch im Herbst 2015 so, als ich, ein paar Monate vor dem Verbrechen, meine Liebe zu Carla überdenken will. Ich befinde mich in einer Krise, will mehr von Carla, als sie aus nachvollziehbaren Gründen geben kann. Ich lasse unsere gemeinsamen Jahre Revue passieren und erkenne, dass ich, wenn ich ehrlich zu mir selbst bin, mehr in unsere Partnerschaft investiere als Carla. Aber das ist nicht der eigentliche Grund für meinen Herzschmerz. Was mir wirklich Sorgen bereitet, ist, dass Carla sich mir manchmal entzieht. Nicht aus mangelnder Liebe, wie sie immer wieder betont, sondern schlicht aufgrund ihres dichten Tagesablaufs mit all den vielen Verpflichtungen. Manchmal finden wir wochenlang keinen einzigen Abend, den wir zu zweit hätten verbringen können.

Hier am See, unter den sich lichtenden Baumkronen, realisiere ich, dass ich auf sehr vieles zu verzichten bereit bin, um Carla glücklich zu wissen. Ich erkenne auch, dass dies der Furcht entspringt, die Liebe könnte nicht für immer halten, sollte ich Carla nicht vollumfänglich zufriedenstellen können. Ich bin in eine Rolle geschlüpft, die ich nicht nur selbst gewählt, sondern auch noch kultiviert habe und die, wie ich mir jetzt eingestehen muss, uns beide nicht rundum glücklich machen kann. Ich war am Kämpfen. Am Kämpfen um ihre Liebe. Als ich mir darüber klar werde, weiß ich, dass ich etwas ändern muss – um unserer Beziehung willen, aber auch für mich selbst. Mein Vertrauen in Carla hilft mir, diesen Schritt zu machen.

In einer ruhigen Stunde spreche ich mit ihr über meine Gedanken und Gefühle, und zum ersten Mal auch über meine Bedürfnisse: dass ich mehr gemeinsame Zeit nicht nur möchte, sondern auch brauche und dass ich wissen muss, wie sie sich unsere Zukunft vorstellt. Für mich bedeutet diese Aussprache eine große Überwindung, denn es ist mein inniger Wunsch, unsere Beziehung weiterzuführen, und nichts will ich weniger als Carla verlieren. Carla reagiert zuerst etwas verunsichert, will dann aber ernsthaft darüber nachdenken, was ich ihr bedeute und was sie sich für uns wünscht. Wenig später wendet sich, wie bereits angedeutet, alles zum Guten. Carla versichert mir, dass sie sich ein Leben ohne mich nicht vorstellen könne und auch erkannt habe, dass sich etwas ändern müsse. Unsere Liebe sei ihr wichtig, sagt sie. Wir nehmen uns beide fest vor, unsere Zweisamkeit mehr zu pflegen. Was ich mir am sehnlichsten gewünscht habe, erfüllt sich: die Aussicht darauf, mit Carla alt werden zu dürfen. Es soll anders kommen. Im Moment, als ich glaube, endlich angekommen zu sein, endet alles. Für immer.

Ich bin monatelang nicht am Hallwilersee gewesen, meinem Kraftort. Als ich es endlich wage, an den Ort der glücklichen Erinnerungen zurückzukehren, ist dieser noch kaum aus dem Winterschlaf erwacht. Ich öffne die Tür unseres Wohnwagens. Es riecht immer noch nach Putzmitteln. Carla und ich haben den Wagen in den letzten Herbsttagen winterfest gemacht, in Vorfreude auf die nächste Saison. Ich setze mich auf einen Campingstuhl ins Freie. Vor meinem inneren Auge sehe ich Davin auf dem Bootssteg stehen. Er blickt in meine Richtung, ich winke ihm zu. Er nimmt Anlauf, macht einen Hechtsprung ins eiskalte Wasser, kommt wieder an Land und wirft sich schlotternd in meine Arme.

Von nun an kehre ich nach Feierabend oft hierher zurück, koche über dem offenen Feuer, schaue stundenlang über den See.

Seit langer Zeit kann ich endlich wieder gut schlafen. Am Morgen erwache ich und sitze eine Stunde später bereits im Büro. Die Zeit am Hallwilersee empfinde ich nie als einsam. Die Erinnerungen an Carla und die Kinder sind in diesem Umfeld weniger quälend, und auch die ungeheure Leere, die ich seit dem 21. Dezember empfinde, ist hier besser aushaltbar. Ich erlebe Momente, in denen die Zuversicht wächst, dass ich überstehen könnte, was zu überstehen bisher undenkbar gewesen ist. Ich beginne mich an den Gedanken zu gewöhnen, dass das Verbrechen vielleicht nie aufgeklärt wird.

WAS ICH LIEBTE

Unser Haus auf zwei Rädern liebe ich fast noch mehr als früher. Anderes hingegen, was zu unserem Leben gehört und unsere Liebe ausgemacht hat, ertrage ich nicht mehr: Gewisse Speisen, die wir beide mochten, kann ich nicht mehr essen; Musik, die wir zusammen gehört haben, mag ich nicht mehr hören; Reiseziele, die wir gemeinsam besucht haben, interessieren mich nicht mehr; Gartenarbeit kann ich mir nicht mehr vorstellen; die schwedische Krimiserie »Kommissar Wallander«, die wir beide oft geschaut hatten, will ich nicht mehr sehen, und Bücher, von denen ich weiß, dass auch Carla sie mochte, kann ich nicht mehr in die Hand nehmen. Ich muss mich neu ausrichten, das neue Leben zwingt mir dies auf. Ich esse Dinge, die mir nicht schmecken, höre Musik, die ich nicht mag, reise in den Süden, anstatt wie mit Carla geplant in die Berge, stelle das Radio ab, sobald Adeles Stimme erklingt.

Als ich die Tatsache zu akzeptieren beginne, dass mein Dasein nie mehr so sein wird wie zuvor, spüre ich zuerst Bitterkeit. Doch dem Gefühl, leben zu müssen, folgt irgendwann die Erleichterung, leben zu dürfen. Dies stürzt mich in schwere Gewissensbisse.

Ich treffe Entscheidungen, die ich eigentlich nicht treffen will, und doch muss ich mich mit ihnen auseinandersetzen: mit der

Entscheidung, gegen die Fremdheit anzukämpfen, mit der ich die Welt betrachte; mit der Entscheidung, mich neuen Dingen zuzuwenden; mit der Entscheidung, meine Existenz weiterzuführen; mit der Entscheidung, weiterhin zu essen, zu trinken, zu joggen, zu reden, obwohl Carla und die Kinder nicht mehr leben; mit der Entscheidung, wenigstens zwei Stunden nicht an das Verbrechen zu denken; mit der Entscheidung, einen neuen Lebensinhalt zu finden; mit der Entscheidung, ein neues Dasein aufzubauen. Zu überleben, irgendwie.

Etwas so Schönes und Gutes, wie ich es in meiner Vergangenheit mit Carla und ihrer Familie erlebt habe, ist nicht wiederholbar, das wäre ein Verrat an jenen, die ich geliebt habe. Mit jemand anderem zu essen, was wir mochten, mit jemand anderem Adele zu hören, kann ich nicht. Doch wie schaffe ich es, meine Vorlieben zu ändern, meine Gewohnheiten, meine Routinen, wie finde ich einen neuen Weg? Wie fülle ich mein mir aufgedrängtes neues Leben mit einem Inhalt, der mit dem alten Leben nichts mehr zu tun hat?

Ich versuche es über den Konsum, kaufe ein neues Auto und empfinde Freude, als ich mit der Hand über den Lack der Karosserie streiche, den Duft der Ledersitze einatme, den Motor summen höre. Doch es reicht nicht. Später kaufe ich eine Harley. Auf dem schweren Töff durch die Gegend hämmernd, spüre ich eine Freiheit, die ich nicht spüren will, eine Freiheit, die mir das Schicksal mit größtmöglicher Grausamkeit aber aufgedrängt hat. Und ich lasse mich darauf ein. Wieso auch nicht? Niemand erwartet mich zu Hause. Mirco ist selbständig und Fabio wieder mehrheitlich bei seiner Mutter. Keine Aufgaben warten, die ich neben meiner Arbeit zu erledigen habe, kein Rasen zu mähen, kein Essen zu kochen, keine Kinder ins Training zu fahren. Dies zu verinnerlichen, ist ein unglaublicher Kraftakt. Die Möglichkeit, so lange durch die Landschaft zu fahren, wie ich will, bis in die Nacht hinein, macht mich traurig und doch ruhig. Ebenso wie die Tatsache, dass ich manchmal Freude erlebe über das, was mich umgibt: der Duft von frisch geschnittenem Gras, die plötzliche Kühle eines nahen Waldes. Was ich zu diesem Zeitpunkt nicht ahne: Ein Tag, der abermals alles ändern wird, steht unmittelbar bevor.

ENDLICH GEFASST

Am 12. Mai 2016 erhalte ich vom Eidgenössischen Justiz- und Polizeidepartement eine Antwort auf meinen Brief an Bundesrätin Simonetta Sommaruga. Der Brief ist am 10. Mai abgestempelt und per B-Post verschickt worden. Ich öffne ihn mit zitternden Händen und lese, dass Simonetta Sommaruga das Bundesamt für Polizei (Fedpol) gebeten habe, mir auf mein Schreiben vom 22. April 2016 zu antworten. Der Brief, vom Stabschef des Fedpol verfasst und unterschrieben, ist eine Bestätigung dessen, was ich bereits weiß: DNA-Profile zu erstellen, um mehr als das Geschlecht zu erfahren und einen Zahlencode, der Rückschlüsse darauf gibt, ob die Person bereits ein Verbrechen begangen hat und deshalb in einer Datenbank registriert ist, ist in der Schweiz von Gesetzes wegen nicht erlaubt.

Unsere Gesetzgebung lässt zu diesem Zeitpunkt also nicht zu, was nach aktuellem Forschungsstand möglich wäre, nämlich anhand der DNA die Haar- und Augenfarbe, das ungefähre Alter sowie die geografische Abstammung einer Person zu bestimmen. Für die Opfer schwerer Gewaltverbrechen ist dies ein Hohn und meines Erachtens nichts weiter als ein Schutz des Täters. Wer schützt Rösly und Georges, die nicht nur ihre Tochter, sondern auch ihre zwei Enkelkinder verloren haben? Es leuchtet mir nicht ein, warum die entsprechenden gesetzlichen Veränderungen nach dem »Fall Rupperswil« nicht sofort in die Wege geleitet wurden. Den Brief empfinde ich als enttäuschend, meine Bitte an Bundesrätin Sommaruga, sie möge doch eine entsprechende Ausnahmebewilligung für uns anordnen, wird mit keiner Silbe erwähnt.

Das sachliche Schreiben schließt mit dem Hinweis auf die Motion 15.4150 von FDP-Nationalrat Albert Vitali mit dem Titel »Kein Täterschutz für Mörder und Vergewaltiger«. Der politische Vorstoß will Behörden bei Straftaten wie Mord oder Vergewaltigung künftig erlauben, gezielt nach äußeren Eigenschaften eines Täters zu suchen. Die Motion wurde am 17. Februar 2016 vom Bundesrat zur Annahme empfohlen und am 18. März vom Nationalrat angenommen. Aber bis sie vors Volk kommt, wird es dauern. Eingereicht hatte Vitali diesen Vorstoß übrigens schon am 16. Dezember 2015, also fünf Tage vor dem Verbrechen in Rupperswil. Dies, nachdem in Sursee im Juli 2015 eine junge Frau von ihrem Velo gerissen, brutal vergewaltigt und massiv verletzt worden war.

Am selben Tag, als mich dieser Brief erreicht, klingelt das Telefon: Ein Kriminalbeamter der Kantonspolizei Aarau überbringt mir die Nachricht, die wir seit Monaten herbeisehnen. Was wir alle – Rösly, Georges, Manuel und ich, der Vater von Dion und Davin, meine beiden Söhne Mirco und Fabio, Danira, Simonas Angehörige, Freundinnen, Freunde, Kollegen, Nachbarn – nicht mehr zu glauben gewagt haben, wird mir am 12. Mai in knappen Worten mitgeteilt: Es habe Verhaftungen gegeben. Alles Weitere würde ich morgen erfahren.

Ich fühle mich komplett überrumpelt. Bevor der Kriminalbeamte das kurze Gespräch beendet, erkundige ich mich noch, ob eine Pressekonferenz geplant sei. Darüber wisse er nichts, erwidert er und meint: »Bitte behandeln Sie die Information vertraulich.« Ich rufe umgehend meine Schwiegereltern an. Sie haben ebenfalls einen Anruf erhalten, und gemeinsam rätseln wir, ob es sich bei den Verhafteten – warum der Beamte am Telefon die Mehrzahl verwendet hat, weiß ich bis heute nicht – wohl um Tatverdächtige oder um die Täter selbst handelt. Ich fürchte mich plötzlich vor der Wahrheit, fürchte mich davor, Details erfahren zu müssen, die uns erneut zusetzen werden.

Ich bin sehr aufgewühlt und weiß nicht, wie ich die Zeit bis zum nächsten Tag und den morgigen Tag überstehen soll. Denn genau an diesem Freitag, dem 13. Mai, findet der von langer Hand geplante jährliche Firmenanlass zur Teambildung statt. Diesmal geht es mit meinem Niederlassungsteam nach Bern, in einen sogenannten Adventure-Room im Untergrund der Stadt. Die Übungsanlage ist unheimlich: Man lässt sich mit Handschellen an die Wand ketten und muss dann im Dunkeln verschiedene Codes und Schlüssel suchen, um die Freiheit zu erlangen. Meine Mitarbeiter freuen sich auf den Anlass, doch ich bin jetzt noch unschlüssiger als zuvor. Was soll ich tun? Absagen? Mitfahren? Weil ich mich als Chef des Teams verantwortlich fühle und niemandem das Erlebnis nehmen will, entschließe ich mich zur Teilnahme. Es ist die falsche Entscheidung, wie ich im Nachhinein weiß.

Dort angekommen, lasse ich mich anketten. Als das Licht gedämpft wird, überrollt mich die Angst: Auch Carla und die Kinder sind gefesselt worden. Ich spüre ihre Furcht und ihre Verzweiflung körperlich, und ein immer stärker werdendes Unwohlsein erschwert meine Atmung. Ich habe eine Panikattacke, bitte die Leiterin, mich sofort zu befreien. Später realisiere ich, dass es in den Katakomben keinen Handyempfang gegeben hat. Etliche Telefonnummern erscheinen auf dem Display, eine erkenne ich als die Nummer der Kantonspolizei und rufe umgehend zurück.

Man teilt mir mit, um 15 Uhr finde in Schafisheim, auf dem Polizeistützpunkt der Kantonspolizei Aargau, eine Pressekonferenz statt, man informiere die Angehörigen eine Stunde früher, weshalb ich mich um 14 Uhr auf dem Posten der Kantonspolizei in Aarau einfinden solle.

Es ist zu spät, um noch rechtzeitig in Aarau einzutreffen. Ich bin verwirrt und komme nicht auf die Idee, mich bei der Staatsanwaltschaft zu melden, um mich nach den Ermittlungsergebnissen zu erkundigen. Ich trenne mich von der Gruppe und beschließe, die Pressekonferenz auf dem Smartphone zu verfolgen.

Doch kurz nachdem ich den Anruf von der Kantonspolizei beendet habe, meldet sich der TV-Journalist, mit dem ich für den bereits erwähnten Fernsehbeitrag, der sich mit der DNA-Problematik in der Schweiz befasst, schon mehrmals zusammengekommen bin. Die Hauptaussage der Sendung, für die wir inzwischen gedreht haben, betraf die Konklusion, dass mit anderen gesetzlichen Vorgaben im Rahmen des Datenschutzes rund um DNA-Untersuchungen der oder die Täter endlich hätten gefasst werden können. Sollte heute tatsächlich die Verhaftung der Täterschaft kommuniziert werden, so sagt er mir, müsse der Inhalt der geplanten Sendung in eine andere Richtung zielen. Sein Team habe daher entschieden, die Handhabung von DNA-Analysen in der Schweiz mit der Hypothese zu verbinden, dass der oder die Täter mit den entsprechenden Auswertungen früher hätten gefasst werden können. Aufgrund der neuesten Entwicklungen müssten sie zusätzlich ein Interview mit mir aufzeichnen. Als er von meiner Anwesenheit in der Bundeshauptstadt erfährt, schlägt er vor, ich solle die Pressekonferenz zusammen mit einem anderen TV-Journalisten, einem Korrespondenten, live auf der Redaktion in Bern verfolgen. Danach werde dieser auch gleich das notwendig gewordene ergänzende Gespräch aufzeichnen, er organisiere alles.

Wenig später werde ich von besagtem Korrespondenten in Empfang genommen. Wie in Trance folge ich ihm, trete in einen Raum, nehme auf dem mir zugewiesenen Stuhl Platz. Werde ich in wenigen Minuten tatsächlich erfahren, wer Carla, Dion, Davin und Simona auf dem Gewissen hat? Die Situation erscheint mir unwirklich. Große Unruhe erfasst mich.

Vor mir steht jetzt ein Laptop, auf dem ich die Pressekonferenz mitverfolgen kann. Gleichzeitig wird eine Kamera aufgestellt und auf mich gerichtet sowie ein kleines Mikrofon an meinem Schal befestigt. Ich höre den Korrespondenten sagen, er werde jetzt drehen und mir bereits während der Konferenz einige Fragen stellen. Später werde der mir bekannte TV-Journalist zusammen mit mir die Sequenzen auswählen, die für den Beitrag Verwendung finden würden, was dieser dann auch – telefonisch – tat. Ich kann längst nicht mehr klar denken, bin absolut blockiert. Ich folge der Pressekonferenz und lasse mir gleichzeitig Fragen stellen, beantworte sie mechanisch. Auch der Journalist wird von den Schilderungen überrascht. Zur DNA-Problematik werde ich nicht mehr befragt, das nötige Gespräch, dessentwegen ich eigentlich hier bin, findet – wie mir erst sehr viel später bewusst wird – nicht statt.

Als mir am Telefon vorgelesen wird, was die Sprecherin im Off sagen würde, stimme ich der Ausstrahlung zu, ich vertraue dem Journalisten, ebenso dem Format. Hätte ich den Beitrag vorab gesehen, ich hätte die Notbremse gezogen; als er gesendet wird und ich mir selbst zusehen muss, wie ich die Pressekonferenz verfolge, wie ich sogar noch auf die Fragen antworte, bin ich fassungslos, fühle mich schlecht.

Der Beitrag wurde später kurz vor dem Prozess auf meine Bitte hin vom Netz genommen, und auch intern wurde dafür gesorgt, dass niemand mehr darauf zugreifen kann. Dafür bin ich den Verantwortlichen dankbar.

Aber zurück zu dem Moment, auf den wir so lange gehofft haben. Auf dem Bildschirm sehe ich einen langen Tisch, an dem die wichtigsten Vertreter der Staatsanwaltschaft und der Polizei Platz genommen haben. Dutzende von Journalisten sind anwesend, das Klicken von Kameras ist zu hören, das Rascheln von Papier. Jemand klopft an das Mikrofon, um zu testen, ob es eingeschaltet ist. Ein anderer räuspert sich, eine Einleitung wird gesprochen. Dann fällt der Satz: »Der Täter ist gefasst.« Ein Raunen geht durch den Saal. Es handelt sich also nicht um mehrere, sondern um einen einzigen Mann. Sekunden später bekommt das bisherige Phantom einen Namen. Ein Alter: dreiunddreißigjährig. Eine Nationalität: Schweizer. Einen Wohnort: Rupperswil, keine fünfhundert Meter vom Tatort entfernt. Ich erfahre, dass das Verbrechen minutiös geplant war und das Haus bewusst in Brand gesteckt wurde, um Spuren zu verwischen. Der Täter ist geständig. Die Polizei hat ihn kurz vor einer unmittelbar bevorstehenden, abermals genau geplanten Tat festgenommen. Wie man ihm auf die Schliche gekommen ist, wird während der Pressekonferenz nicht klar und wird auch in den folgenden Monaten im Dunkeln bleiben.

Der Täter ist einer aus unserer Mitte. Diese Nachricht schockiert mich zutiefst. Ich erfahre weiter, dass neben einem finanziellen vor allem ein sexuelles Motiv vorliegt. Mein Hirn füllt sich mit Nebel, ich fürchte, ohnmächtig zu werden. Davin wurde vor seinem Tod missbraucht. Ähnlich wie am 21. Dezember, als mir die Polizei mitteilte, dass Carla und die Kinder nicht mehr leben, kann ich diese furchtbare Aussage nicht annehmen, sie sickert erst in den folgenden Tagen wie Gift in mein Bewusstsein. Die mit einer solchen Nachricht verbundenen Gefühle sind nicht in Worte zu fassen. Es ist ein Wissen, für das es niemals eine Heilung und keinen Trost geben wird. Ich bin wie betäubt. Die Medienkonferenz zieht im Zeitraffer an mir vorbei, ohne dass ich einen klaren Gedanken fassen kann. Bereits räumen die Medienleute ihre Ausrüstungen zusammen, eilen in die Redaktionen und verfassen, was Stunden später im Fernsehen und am nächsten Tag in Zeitungsaushängen zu sehen sein wird: »Die Bestie von Rupperswil ist gefasst«.

Das Echo auf die Pressekonferenz ist riesig. Abermals werden zu einem der brutalsten Verbrechen im Kanton Aargau der vergangenen Jahrzehnte, wie es heißt, Dutzende Artikel geschrieben und unzählige Spezialsendungen verfasst. Alle Verdächtigungen und Ahnungen fallen in sich zusammen. Aber auch manche Hoffnungen werden zerstört. Jetzt herrscht Klarheit, die Klarheit, die ich mir so sehr gewünscht habe. Keine Erpressung, keine Beziehungstat, kein missglückter Drogendeal, keine ausländischen Kriminaltouristen, kein Okkultismus, kein Racheakt, kein Mafiamassaker. Sondern: Sadismus und Pädophilie. Das Mitteilungsverbot für die Feuerwehrleute von Rupperswil wird nicht verlängert, und sie dürfen nun über die am 21. Dezember vorgefundene Situation sprechen: Carla wurde in unserem Schlafzimmer im ersten Stock getötet, Dion und Simona im ausgebauten Dachstock. Davin lag in seinem Zimmer.

Auch anderes erfahren wir Angehörigen und die Schweizer Bevölkerung in den folgenden Tagen aus nachvollziehbaren Gründen nicht von der Polizei oder von der Staatsanwaltschaft, sondern aus den Zeitungen. Beim Täter handelt es sich um einen gescheiterten Studenten. In strafrechtlicher Hinsicht war er bis anhin unauffällig oder zumindest nicht vorbestraft. Eine Person, die in ihrer Grausamkeit jedoch den meisten Menschen wesensfremd ist. Das Bedürfnis, in die Seele des Verbrechers zu blicken, seine Beweggründe und Abgründe zu erforschen, ist umso größer.

Bald erfährt die Öffentlichkeit, dass er ein Hundenarr ist. Dass er mit seiner Mutter unter einem Dach lebte und einen Bruder hat. Dass der Verlust des Vaters ihm offenbar zusetzte. Dass er sich in seiner Maturarbeit ausführlich mit dem Terroristen Osama bin Laden befasste. Vorgab, Medizin zu studieren, aber offenbar Jusstudent war, ein Einzelgänger, der keine engen Freundschaften pflegte. Dass er Fußballtrainer der Junioren war und nach heutigem Wissensstand keine anderen Buben missbrauchte. Dass er sich bei einer Tasse Kaffee widerstandslos festnehmen ließ und die Taten sofort gestand.

Solange er nicht gefasst ist, habe ich vom Täter folgende Vorstellung: ein Gewaltverbrecher, dem ich in einer dunklen Gasse instinktiv ausweichen würde, da von ihm eine unterschwellig spürbare Gefahr ausgeht. Ich verbinde optische Merkmale mit ihm, wie ich sie aus Forensiksendungen oder Kriminalfilmen kenne, und bin mir sicher, dass das Unmenschliche oder der Irrsinn sich aus seinen Gesichtszügen ablesen lässt, sein Blick eine Dimension andeutet, die anderen Menschen Gänsehaut verursacht.

Schon bald erscheint ein erstes Bild des Täters in der Zeitung. Die Aussagen von Nachbarn und Bekannten, die jeweils befragt werden, wenn in ihrer Nähe ein furchtbares Verbrechen geschieht, und die beteuern, nicht geahnt zu haben, dass der unauffällige Nachbar zu so einem Verbrechen fähig sei – Kommentare, die mich immer geärgert haben –, machen plötzlich Sinn. Ich bin erschüttert über seine Normalität. Er trägt einen Pullover und hat einen Schal um den Hals gebunden. Seine Haare sind kurz geschnitten. Er ist glatt rasiert, schlank, scheint groß gewachsen zu sein und hat ganz gewöhnliche braune Augen. Er sieht aus wie ein Mensch, der seine Steuern pünktlich zahlt, Bücher liest, Popkonzerte besucht, Kollegen hat, bürgerliche Ziele verfolgt. Nichts deutet darauf hin, dass er ein Monster ist. Ein Killer. Eine Bestie. Der Teufel in Person.

So wie mir mein Schmerz nicht ins Gesicht geschrieben steht, kann ich in seiner Physiognomie nichts erkennen, was Rückschlüsse auf seinen inneren Zustand zulassen würde. Was ich in seinen Augen hätte erkennen wollen, sehe ich noch nicht: Arroganz, Kälte, Gleichgültigkeit. Ich frage mich, ob ich ihm jemals zuvor begegnet bin, per Zufall auf der Straße, beim Einkaufen oder bei einem der unzähligen Fußballtrainings oder -spiele, zu denen ich Davin begleitet habe. Ich glaube, den Täter nie getroffen zu haben, erinnere mich vielleicht aber nur nicht an ihn.

Bei genauer Betrachtung seines Bildes fällt mir auf, wie leblos und kontrolliert seine Mimik ist. Auch andere sehen in ihm einen kleinbürgerlichen Menschen, einen Mann ohne Eigenschaften. Hat er sich bewusst unscheinbar dargestellt, damit er das Unfassbare ungestört planen und ausführen konnte? War er sich sicher, dass er in seiner Unauffälligkeit unentdeckt bleiben würde? Sein Gesicht wirkt nicht nur glatt, sondern auch entspannt. Psychopathen, so heißt es, lügen besonders überzeugend, morden und schänden ohne Reue. In der größenwahnsinnigen Annahme, niemals gefasst zu werden, verspüren sie auch keine Angst vor negativen Konsequenzen. Ich frage mich: Woher kommt diese Kaltblütigkeit? Ich blicke das Bild des Täters lange an. Er wirkt auf mich, als sei er aus Plastik.

Später erfährt man mehr: Nachdem er Davin sexuell missbraucht und so brutal ermordet hat wie Carla, Dion und Simona, isst er mit Kollegen in einem Restaurant ein Steak, fährt mit ihnen in ein Casino, verspielt das Geld, das Carla ihm aushändigen musste. Zwei Tage später, am 23. Dezember, postet er auf Facebook Weihnachtswünsche und Bilder seiner Huskys, der eine trägt eine

Nikolausmütze, der andere führt Kunststücke vor. Auf einem anderen Foto liegt der Mörder in dunklen Hosen und einem kurzärmligen weißen T-Shirt auf dem Sofa einer offenbar gut geheizten Stube. Einer der Hunde liegt auf seinem Bauch, der andere vor dem Sofa auf dem Boden und lässt sich den Bauch kraulen; im Hintergrund sind mit Weihnachtssujets verzierte Fensterscheiben zu sehen.

Anderes hat die Presse rückwirkend recherchiert: Der Mörder besuchte offenbar auch weiterhin das Fitnessstudio. Er trainierte die Junioren seiner Mannschaft. Er fuhr mit seiner Mutter in die Skiferien. Während wir Tag für Tag neu darum kämpften, wenigstens für ein paar Minuten nicht an die furchtbaren Geschehnisse denken zu müssen, lebte er offenbar weiter, als wäre nichts geschehen. Er aß, trank, hörte im Frühling vielleicht die Vögel pfeifen, genoss die ersten wärmenden Sonnenstrahlen. Ich frage mich: Wie erinnert er sich an das, was ihm zwei Stunden lang klägliche Macht verliehen hat? Schwelgt er in den furchtbaren Bildern der bestialischen Tat?

Ich stelle mir vor, dass er nach der Festnahme mit Genugtuung von der medialen Aufmerksamkeit erfährt, vor allem aber einen anderen, einen ungeheuerlichen Umstand genießt: Man ist bei der Wahrheitsfindung auf seine Kooperation angewiesen, denn das Feuer hat beinahe alle Spuren vernichtet. Der Missbrauch von Davin konnte daher forensisch nicht festgestellt werden, heißt es. Die Polizei wusste nichts vom sexuellen Übergriff, bis der Mörder selbst davon erzählte. Auch die Informationen, in welcher Reihenfolge Carla, Dion, Davin und Simona starben und was sie erdulden mussten, stammen vom Peiniger selbst. Mir wird übel.

EINER VON UNS

Das Verbrechen hat das Leben vieler Menschen verändert, vor allem aber wohl dasjenige der Rupperswiler Bevölkerung. Einwohner, die mich auf die damals noch ungelösten Morde ansprechen, bezeichnen die Tat als Blitzschlag aus heiterem Himmel. Sie lassen mich wissen, dass sie ihre Gewohnheiten geändert haben, weil sie dem dörflichen Frieden nicht mehr trauen. Bevor der Täter gefasst wird, wollen manche Kinder und Teenager nicht mehr allein schlafen, sondern verbringen die Nächte bei ihren Eltern im Bett. Die Haustüren werden nun auch während des Tages abgeschlossen. Andere verspüren Angst bei den Rundgängen mit ihren Hunden, nicht nur nach Sonnenuntergang, sondern auch tagsüber. Die Angst, dass der oder die Mörder zurückkommen, die Täterschaft eventuell doch einen Bezug zur Gemeinde haben könnte, wird sich als nicht unbegründet erweisen.

Während die polizeilichen Ermittlungen sich auf die ganze Schweiz ausdehnen, sogar in den USA Abklärungen gemacht werden, man von ausländischen Banden und Mafialeuten spricht, lebt der Mörder, dessen Namen ich in diesem Buch bewusst kein einziges Mal nenne, in unserer unmittelbaren Nachbarschaft, in einem Haus, das so unauffällig ist wie viele andere hier. Er kauft höchstwahrscheinlich in den gleichen Geschäften ein wie wir, berührt dort womöglich Lebensmittel, die wir und andere später zu Speisen verarbeiten. Was sicher ist: Seine Spaziergänge mit den Huskys führen ihn regelmäßig am Tatort vorbei. Platziert auch er eine Kerze vor unserem Haus? Nimmt er am Trauergottesdienst teil? Mischt er sich unter die ebenso aufgebrachte wie verstörte Rupperswiler Bevölkerung? Erfreut er sich an unserem Leid?

Es ist die physische Nähe, die mir Herzrasen und Atemnot bereitet, seine scheinbare Zugehörigkeit zu uns, den Bewohnern des Spitzbirrli-Quartiers. Ganz selbstverständlich gehen wir davon aus, dass das Schlimmste in unserer kleinen Welt mit all den eingebauten Sicherheitsprüfungen und Vorsichtsmaßnahmen gar nicht stattfinden kann. Doch die Tat wird an einem ruhigen vorweihnächtlichen Morgen, am hellen Tag, in einer ruhigen und bisher als sicher geltenden Straße verübt. Genau geplant und in unfassbarer Grausamkeit ausgeführt.

Während wir ahnungslos unserem Alltag nachgehen, mit aller Sorgfalt darauf bedacht, den Kindern Voraussetzungen für ein gutes Leben zu schaffen, läuft Davin auf seinem Weg zur Schule immer wieder am Haus des Täters vorbei. Hat der Mörder seine Wandlung vom süßen kleinen Knirps zum schönen, sportlichen Zwölfjährigen registriert, bevor er beschlossen hat, dessen Leben und das von drei weiteren Menschen auszulöschen? Davin hat gerade seinen letzten Milchzahn verloren und sich für eine neue Frisur entschieden, und seit der letzten Messung am Türrahmen ist er vier Zentimeter größer geworden. Hat der spätere Täter sein Lachen registriert, die Farbe seiner Augen, sein übermütiges Temperament?

Ich suche nach Gründen. Ist es unsere Familie, die den wilden Hass des Täters provoziert hat? Oder sind wir kaltblütig ausgewählte Zufallsopfer, die zwar in seiner Nähe leben, zu denen aber kein persönlicher Bezug nachweisbar ist? Wollte er das perfekte Verbrechen planen und ausführen, das dem gängigen kriminalistischen Wissen und den forensischen Erfahrungen widerspricht, ist er auch aus diesem Grund so lange unentdeckt geblieben? Hat er sich gar in unser Familienleben eingeschlichen, ohne dass wir dies bemerkt haben?

Der Mörder muss mein Kommen und Gehen über längere Zeit beobachtet haben. Es bedarf einer gewissen Geduld, bis die damit zusammenhängende Routine erkennbar ist. Hat er vielleicht zugesehen, wie Carla die Buchsbäumchen mit Lichterketten geschmückt und den Weidenkranz an der Tür befestigt hat, wie wir das Haus für ein Fondueessen verlassen haben und wie Davin mit Dion vom Training zurückgekehrt ist?

Am Morgen fahre ich fast immer um die gleiche Zeit weg. Auf diesen Moment wartet der Täter am 21. Dezember. Als ich mich an diesem Tag rasiere und die frühmorgendliche Normalität genieße, die Kinder noch schlafen, Carla eine SMS-Nachricht verfasst und sich darüber freut, dass sie schon seit fünf Jahren mit Dion auf Facebook befreundet ist, ist unser Schicksal bereits besiegelt.

Was tut der Täter zum Zeitpunkt, als ich Carla den Milchkaffee ans Bett bringe? Beißt er in ein Butterbrot? Lächelt er jemandem zu? Kontrolliert er, ob er alles dabeihat, Kabelbinder und Klebeband, das Messer, den Brandbeschleuniger? Feige wartet er ab, bis der erwachsene Mann der Familie das Haus verlassen hat, so zumindest stellte ich mir das zu diesem Zeitpunkt noch vor. Als ich ahnungslos und in Vorfreude auf das Tête-à-Tête mit Carla an Silvester durch das ruhige und scheinbar sichere Quartier fahre, ist er bereit, seine vermutlich hundertfach genährte Fantasie von Perversion und Gewalt Realität werden zu lassen.

»Ein pädophiler Sadist«, so wird er in den Zeitungen bezeichnet. Ist das Analyse genug? Ich komme nicht umhin, mich mit dieser Person zu befassen. Ich werde dabei mit ungeheuerlichen Fragen, Gedanken und Tatsachen konfrontiert. Warum ich mich dieser Tortur aussetze? Ich erhoffe mir Klarheit – um irgendwann abschließen zu können. Daraus ergeben sich bald neue und mehr unbeantwortete als beantwortete Fragen. Sie treiben mich in den folgenden Monaten an, lähmen mich, machen mich fassungslos. Dass die Polizei bei der Suche nach der Wahrheit in manchen Aspekten auf die »Ehrlichkeit« des Täters angewiesen ist, sie ihm Glauben schenken muss, bleibt ein Hohn, den ich dem Schicksal nie verzeihen werde.

Im Bemühen, das Unfassbare zu verstehen, lese ich alles, was ich in die Finger bekomme. Psychogramme in Zeitungen und Zeitschriften basieren wohl vor allem auf Vermutungen, andere Einschätzungen jedoch auf jahrzehntelangen Erfahrungen und dem Wissen von versierten Fachleuten. Zum Beispiel diese: Aufgrund des Umstandes, dass extreme Gewalt in Kombination mit einem sexuellen Übergriff stattgefunden hat, qualifiziere sich der Täter als besonders abnorm und kaltblütig. Die Art seiner Waffe erhält eine zusätzliche Bedeutung. Beim Töten mit einem Messer handle es sich um eine intime Art, jemanden umzubringen, weil die Nähe zum Opfer aktiv gesucht werde. Ein Täter, der sein Opfer widerwillig töte, würde eher auf Distanz gehen und eine Schusswaffe benutzen.

Wenn ich in schlaflosen Nächten über das Gelesene nachdenke, weiß ich, dass es schreckliche Abgründe andeutet. Und Monate später, als ich – nach der Konfrontation mit dem Täter – fast alles über das Böse weiß, halte ich es für richtig, dass die Öffentlichkeit vieles nie erfahren wird. Denn gewisse unveröffentlichte Dinge schützen nicht den Täter, sondern die Verstorbenen.

Was der genaue Auslöser war, aus welchen Gründen der Täter plötzlich aktiv wurde, darüber rätseln auch die Fachleute. Manche Psychiater sind ratlos, denn was statistisch erwiesen ist, was Hunderte von sadistisch veranlagten Gewaltverbrechern vereint, trifft auf diesen Mörder offenbar nicht zu: dass sie mit weniger gravierenden Delikten einsteigen und ihre Fantasien nach und nach steigern. Mit seinen Manövern und Manipulationen, so scheint es, hat er die Polizei in die Irre geführt und seine Festnahme verzögert – sie aber nicht verhindern können. Ein Puzzleteil in seinem atypischen Plan hat er offenbar falsch eingeschätzt. Ein Mensch, der nicht mitgespielt hat? Eine Wendung, die er nicht in Betracht gezogen hat? Oder hat ihn letztlich der Zufall, das Schicksal zur Strecke gebracht?

Viele Fragen lassen sich vorerst nicht und vielleicht nie beantworten. Was ich bereits heute weiß: Die Würde konnte er Carla und den Kindern nicht rauben. Er hat ausschließlich sich selbst entwürdigt. Dies ist ein Umstand, den keine noch so harte Strafe je rückgängig macht, er wird ihn bis zu seinem letzten Atemzug begleiten.

WUT UND HASS

Der Täter erhält größte Aufmerksamkeit. Unzählige Experten, Polizeibeamte und Journalisten treten auf die eine oder andere Weise mit dem vierfachen Mörder in Kontakt, und seine Person interessiert Hunderttausende von Menschen. Auch ich gehöre zu ihnen. Es fühlt sich falsch an. Er kann erzählen, was immer er will, ob er die Wahrheit sagt oder lügt, können wir nicht wissen. So wird die Geschichte der Getöteten für immer unvollendet bleiben.

Meine Wut auf die damals noch unbekannte Täterschaft, die ich in den vergangenen Monaten hin und wieder verspürt habe, lässt sich jetzt nur noch schwer zügeln. Der Wut folgt grenzenlose Frustration, und die damit verbundene Machtlosigkeit führt zu einem Gefühl, das mir bisher unbekannt war: Hass. Der Hass verschafft sich Zutritt zu meinem Herzen, macht sich breit wie ein ungebetener Gast und will nicht mehr gehen.

Im Umgang mit Hass fehlt es mir an Erfahrung. Ich weiß noch nicht, was ich mit ihm anstellen soll und was er mit mir machen wird. Obwohl ich den Hass als destruktiv und sinnlos erkenne, will ich dem Täter endlose Qualen zufügen, ihm wegnehmen, was er zu haben glaubt, ihn töten. Die intensiven Gefühle, die mich mit dem Mörder meiner Lieben verbinden, empfinde ich als Beschmutzung, als Übergriff, der mich mit Ekel erfüllt: Der Hass wirft mich zurück, er macht mich angreifbar. Er bringt mich durcheinander und stellt mich auf die Probe.

Ich möchte den Täter wissen lassen, dass sein größenwahnsinniges Bedürfnis, Herr und Meister über das Leiden und Sterben von Menschen zu sein, gravierende Mängel aufweist. Carla und die Kinder sind bis zum Schluss davon ausgegangen, dass sie überleben würden, da bin ich mir absolut sicher. Er hat nicht gewusst, dass das Weiterleben ohne ihre Kinder für Carla die größte aller Qualen gewesen wäre. Diesen Zustand – den sie nicht überlebt hätte – hat er ihr erspart. Ich ertappe mich bei solchen Gedanken und bin erschüttert. Über mich selbst.

Doch meinen Hass hat er verdient: Er hat die Tat von langer Hand geplant, hat sich entschieden, sie auszuführen, hat willentlich gemordet. Zuvor hat er ein eigenständiges Leben geführt, geistig ist er nicht zurückgeblieben. Sollte er eine verpfuschte Kindheit gehabt haben, lässt sich diese nicht verantwortlich machen für das unmenschliche Leid, das er angerichtet hat. Eine Frage beschäftigt mich ganz besonders: Hätte er Hilfe beanspruchen können, als er seine abnormen Veranlagungen bemerkte? Dass mit ihm etwas nicht stimmt, muss er realisiert haben, denn es wurde kinderpornografisches Material auf seinem Computer gefunden. Über seine pädophilen Neigungen wusste er also Bescheid. Doch auf Hilfe hat er zugunsten seiner Fantasien und Triebe verzichtet. Diese manifestieren sich nicht von einem Tag auf den anderen, davon bin nicht nur ich überzeugt, sondern auch viele Fachleute. Fantasien wachsen, werden extremer und monströser, wenn man sie zulässt. Ein destruktives Potenzial kann erfolgreich bekämpft werden: Nicht jeder Psychopath und jeder Sadist wird zum Gewaltverbrecher und Mörder, nicht jeder Pädophile schändet und tötet Kinder.

Auch die Kumulation solcher abnormen Veranlagungen ist kein Grund, das Verschulden des Täters mildernd zu beurteilen. Die Frage nach der Therapierbarkeit wird sich unweigerlich stellen, wenn es um die Entscheidung für oder gegen eine lebenslange Freiheitsstrafe mit anschließender lebenslanger Verwahrung geht. Räumt man dem Gewalt- und Sexualverbrecher die Möglichkeit zur Veränderung ein, wird er diese unter Beweis stellen wollen. Damit er freikommt, ein Umfeld verlassen kann, das ihm keinerlei Anreize bietet für seine abnormen Fantasien. Aber ich greife vor. Die Zukunft wird zeigen, was mit ihm geschieht.

In den ersten Wochen nach seiner Inhaftierung ist er – ich erfahre es durch die Presse – offenbar suizidgefährdet und wird dauerüberwacht. Will er sich wirklich umbringen? Will er sich der Strafe entziehen? Später sollte ich erfahren, dass er sich im Gefängnis narzisstisch verhalten hat, dass er den Rummel um seine Person ebenso genoss wie die Tatsache, dass er über die Landesgrenzen hinaus zum Thema geworden ist. Einer, der gelernt hat, Experten und Fachleute in die Irre zu führen, wird auch darüber nachgedacht haben, wie er sich verhalten muss, falls er gefasst wird. Dass er nach seiner Verhaftung ein umfassendes Geständnis abgelegt hat, passt für mich zum Psychogramm des Täters: Er weiß genau, dass sich dieser Umstand strafmildernd auswirken kann. Als er in ein anderes Gefängnis verlegt wird, besucht er die den Gefangenen zur Verfügung stehende Kapelle. Was signalisiert er damit? Seine Nähe zu Gott, sein Bedürfnis nach Vergebung? Reue setzt ein Gewissen voraus, ein moralisches Konzept von Gut und Böse, ich bezweifle, dass er ein solches hat. Viel eher will er auch mit solchen Aktionen seine Zukunft beeinflussen, sie frühzeitig in für ihn günstige Bahnen lenken.

Irgendwann erkenne ich, dass ich ihm den Tod nicht mehr wünsche. Sein Tod wäre ein Segen, den er nicht verdient hat. In meinen nächtlichen Träumen bleibt er für den Rest seines Lebens eingesperrt, ohne Entscheidungskompetenz, ohne seine geliebten Hunde und ohne jede noch so klägliche Macht. Er wird zu einem Nichts, zu einer absolut bedeutungslosen Existenz. Könnte ich ihm eine einzige Frage stellen, würde sie lauten: Hat es sich gelohnt? An der Antwort bin ich nicht interessiert. Ich weiß, dass keine Strafe seine Taten jemals sühnen wird. Irgendwann schaffe ich, was er nicht geschafft hat: extreme Gefühle unter Kontrolle zu bringen. Dies ist für mich ein enormer Kraftaufwand. An die Stelle von Hass tritt nun Ratlosigkeit. Ratlosigkeit über eine Tat, die ich – je mehr ich über sie weiß – immer weniger verstehe.

DIE ANGEHÖRIGEN

Tat und Täter beeinflussen meine Existenz und verändern meinen Blick auf alles. Was ich bisher als selbstverständlich betrachtet habe, nämlich, dass in meinem Umfeld keine größeren Katastrophen stattfinden und ich von der schlimmsten Dimension des Bösen verschont bleibe, bewahrheitet sich nicht. Diese tiefe Erschütterung des Urvertrauens führt dazu, dass ich das eigene Leben als Gegner betrachte. Ich weiß, dass es nicht nur mir so geht, doch leiden wir alle anders, Rösly und Georges, Manuel, Freundinnen und Freunde der Verstorbenen. Menschen, die miteinander so schwere Zeiten durchmachen, haben irgendwann das Bedürfnis, sich voneinander zu lösen, erinnert doch das Gegenüber ständig an das Furchtbare, konfrontiert einen mit Fragen und schmerzhaften Gefühlen, die man für sich bereinigt glaubt oder ganz einfach vergessen möchte. Manchmal braucht man nur einige Wochen Abstand, dann kann man sich einander wieder annähern und gemeinsam einen nächsten Schritt in die Zukunft wagen, neue Gesprächsthemen suchen.

Rösly und Georges ziehen sich noch mehr zurück, nachdem der Täter gefasst worden ist. Ihre schwindenden Kräfte lassen es nicht zu, dass sie sich mit den brutalen Details des Verbrechens befassen. Sie konzentrieren ihre Energie darauf, das Geschehene irgendwie zu verarbeiten, brauchen viel Ruhe und finden Trost in den Gesprächen mit dem Pfarrer, der ihnen ein treuer und umsichtiger Begleiter ist. Ihren geliebten Campingwagen geben sie auf. Sie sind jetzt meist daheim, verzichten auf gesellige Anlässe und außerhäusliche Aktivitäten. In ihrem Zuhause mit den vielen Erinnerungen an Carla und die Kinder fühlen sie sich getröstet.

Carla pflegte ein sehr inniges Verhältnis zu ihren Eltern. Es verging kaum ein Tag, an dem sie nicht miteinander telefonierten oder sich kurz sahen. Ihre Tochter und die beiden Enkel waren ein fester und verlässlicher Bestandteil im Leben von Rösly und Georges, und umgekehrt war es genauso. Die beiden haben unendlich viel verloren, inzwischen sogar die Hoffnung, dass der Schmerz mit der Aufklärung des Verbrechens etwas nachlassen würde.

Wir sehen uns deutlich seltener als früher, aber immer noch regelmäßig, und manchmal ist auch Manuel dabei. Wir sitzen zusammen, reden über das, was in unseren Leben ohne Carla und die Kinder nie mehr geschehen wird, und versuchen manchmal auch bewusst, ein anderes Thema zu finden.

Mit Simonas Mutter bin ich sehr lose in Kontakt. Wie so viele fragt sie sich, wie Gott es zulassen konnte, dass vier Menschenleben so kaltblütig ausgelöscht wurden. Sie hofft, irgendwann eine Antwort darauf zu bekommen, und sagt: »Wohl nicht mehr in diesem Leben. Was ich akzeptieren muss, ist, dass ich den Tod von Simona nicht verhindern und ich ihr nicht beistehen konnte. Das ist das Schwerste.«

Auch Karin, Carlas beste Freundin, hat schwere Zeiten hinter sich, und der seelische Schock wird sie ihr Leben lang begleiten. Am fatalen Morgen hat sie Carla noch kurz gesehen. Am Abend zuvor war abgemacht worden, dass sie unser Hündchen hüten wird, und sie plante den Besuch eines nahe gelegenen Einkaufszentrums. Carla hatte sie gebeten, ein paar Gläser von dort mitzubringen.

Karin gehört zur Familie, besitzt gar einen Hausschlüssel. Als sie am Morgen des 21. Dezember klingelt, öffnet ihr niemand, sie drückt die Klinke, die Tür ist unverschlossen. Sie ruft nach der Freundin. Karins Schuhe sind schmutzig, deshalb bleibt sie im Eingangsbereich stehen. Bei der Übergabe des Hundes erkundigt sie sich nach der Art der gewünschten Gläser, Carla antwortet gestresst – »Irgendetwas, es ist egal« – und verabschiedet sich. Der Täter befindet sich zu diesem Zeitpunkt bereits im Haus, Carla, Dion, Davin und Simona sind in seiner Gewalt, das weiß Karin heute. Immer und immer wieder stellt sie sich dieselben Fragen: Hätte ich etwas spüren müssen? Hätte ich etwas tun können? Was wäre gewesen, wenn eines der Kinder geschrien oder Carla mir ein Zeichen gegeben hätte? Wäre ich das fünfte Opfer geworden, oder hätte ich das Schicksal in andere Bahnen lenken, die Polizei alarmieren und alle retten können?

Als sie Stunden später zurückkehrt, in Begleitung unseres Hündchens, sind alle tot.

Eine große Leere bleibt zurück, davon berichten alle Angehörigen, und auch ein großer Anspruch, der unerfüllbar scheint: Irgendwann muss der Alltag mit neuen Aufgaben gefüllt werden, die Einsamkeit darf nicht ewig dauern. Man fasst den Gedanken nicht bewusst, dass man so viel in seine Beziehungen investiert hat und nun vor dem Nichts steht. Aber zusammen mit der Angst, dass sich etwas Ähnliches wiederholen könnte, ist er vielleicht entscheidend dafür, ob irgendwann neue Menschen ins eigene Leben treten dürfen – oder eben nicht.

ICH WAR GLÜCKLICH

Am 10. Juni 2016 hätte Carla ihren neunundvierzigsten Geburtstag gefeiert. Ich verbringe den Tag in Gedanken mit ihr, schließe sie in die Arme, rede mit ihr. Am Abend stehe ich auf der Bühne. Wir führen »Ueli de Chnächt 2016« auf, gestern war Premiere. Ich muss mich zwingen, die Einsätze nicht zu verpassen, den Text nicht zu vergessen. Mein Fehlen wäre für die Gruppe ein Problem, es ist keine Frage, dass ich dabei bin. Für mich selbst ist die Konzentration auf etwas anderes ohnehin das, was mir hilft, den Kopf über Wasser zu halten – an einem Tag wie heute erst recht.

Wie bereits erwähnt, liebe ich das Theaterspielen. Als klar wird, dass meine Theatergruppe sich erneut an ein Freilichtstück wagt, beschließen Carla und ich gemeinsam, dass ich mitmachen werde. Sie hilft mir beim Auswendiglernen meines Textes, und da wir wissen, dass die erste Aufführung nach der Premiere an ihrem Geburtstag stattfinden wird, bitten wir Verwandte und Freunde, sich dieses Datum zu reservieren. Die erste Probe findet bereits am 5. November 2015 statt, also gut sechs Wochen vor dem schwärzesten Tag meines Lebens. Die Entscheidung, weiterzumachen, fällt mir schwer, erweist sich rückblickend aber als weise. Die drei bis sechs Stunden pro Woche sind jedes Mal ein Lichtblick, eine Insel, auf der ich an etwas anderes denken kann als an das Verbrechen.

An der Realisierung des Stückes sind etwa hundert Menschen beteiligt, nebst Regisseur, Choreografin und den Schauspielern und Schauspielerinnen auch Bühnenbauer und -techniker, Beleuchter, Kostümbildnerinnen, Sänger, Musiker, Tontechniker und viele mehr. Als das Schreckliche geschieht, wissen natürlich alle, dass mich dieser Schicksalsschlag schwer getroffen hat. Ich finde viel Unterstützung, allerdings ereignet sich auch ein unschöner Vorfall: Ein Laiendarsteller unseres Teams meldet sich zuerst bei Mirco und dann bei mir und versucht, uns zwei Tage nach dem Tod von Carla und den Kindern Interna zum Verbrechen zu entlocken. Erst auf mein Nachfragen hin räumt er ein, dass er als Reporter bei einem privaten TV-Sender arbeite und daher quasi verpflichtet sei, sich zu informieren, entschuldigt sich aber, als er meine Fassungslosigkeit spürt. Wenig später schickt er mir jedoch eine SMS und fragt nochmals nach: »Hast du eine Ahnung, wer dahinterstecken könnte?« Der Regisseur, bei dem ich mich daraufhin melde, reagiert sofort, organisiert eine Aussprache und teilt allen Mitmachenden mit, dass ich nicht über das Geschehene sprechen und schon gar nicht ausgefragt werden wolle, was von allen, auch vom Reporter, respektiert wird.

Und jetzt ist es so weit, nach monatelangem Proben spielen wir vor Publikum. Carla hätte hier gesessen, mir zugewinkt, wäre stolz auf mich gewesen. Nach dem Schlussapplaus hätten wir uns an der Bar getroffen, einander umarmt, ein Glas Wein getrunken und auf ihr neues Lebensjahr, aber auch auf das gelungene Theaterstück angestoßen. Später wären wir nach Hause zurückgekehrt und hätten die Kerzen auf dem Tisch angezündet, Davin hätte seiner Mama bestimmt etwas gebastelt und Dion hätte ihr ein schön verpacktes Geschenk übergeben. Und am kommenden Wochenende hätte dann unsere Tür offen gestanden. Ein Ritual: Seit vielen Jahren treffen sich die immer gleichen Freunde zu den jeweiligen Geburtstagen zu Wein und Brot und geräuchertem Fleisch, zum unbeschwerten Zusammensein mit Musik und fröhlichem Gelächter, und Carla und ich hätten zur späten Stunde sicher noch ein Tänzchen gewagt. Heute denke ich manchmal: Ich war glücklich, ohne zu bemerken, wie selbstverständlich mich dieses Gefühl erfüllte.

Zurück zur Theateraufführung: In der Pause sitze ich nicht mit den anderen zusammen, sondern gehe in das Wäldchen hinter der Tribüne, höre wie aus weiter Ferne hundertfaches Stimmengewirr, sehe das gleißende Scheinwerferlicht, das die hereinbrechende Dämmerung erhellt. Ich fühle mich elend. Wie lange dauert so ein Kampf, bis Linderung eintritt? Lange blicke ich in den Himmel, sehe, obwohl es noch nicht ganz dunkel ist, vereinzelte Sterne leuchten und spüre zum ersten Mal: Carla ist bei mir. Sie begleitet mich. Und sie will, dass ich das Unglück überwinde, an der unfassbaren Tat nicht zugrunde gehe, nicht aufgebe, sondern mich ins Leben zurückkämpfe. Ich fasse mich, kehre zurück, spiele das Stück zu Ende. Danach trinke ich mit den Kollegen noch ein Glas Wein. Auf dem Nachhauseweg vermisse ich Carla unsagbar.

Ich denke an die Botschaft dieser Nacht zurück, als ich fünf Monate später ein paar Ferienwochen in Amerika verbringe. Mein treuer Freund Thomas hat die Reise organisiert und mich gefragt, ob ich nicht mitkommen wolle, um ein wenig Abstand vom Alltag zu gewinnen. Zum ersten Mal seit langer Zeit erlaube ich mir wieder Vorfreude. Vorfreude darauf, etwas Neues kennen zu lernen. Etwas Gutes zu erleben. Etwas mehr Luft zu bekommen. Er hat für uns ein Haus am Wasser, samt einem Boot, gemietet, und wir verbringen ruhige Tage am und auf dem endlos weiten Meer. Seit langem lache ich wieder, ohne mich dabei schuldig zu fühlen. Am Abend grillieren wir die selber gefangenen Fische, essen spätnachts noch auf dem Gartensitzplatz, trinken eiskaltes Bier, spielen Billard.

Ich zwinge mich regelrecht dazu, nicht bei jeder Gelegenheit an Carla zu denken und daran, wie schön es wäre, wenn wir diese Reise gemeinsam erleben könnten. Zuerst gelingt mir das nicht, doch dann gibt es immer wieder kurze Phasen, in denen ich es tatsächlich schaffe. Ich bin mir sicher, dass Carla und die Kinder es so haben möchten. Dass ich nicht im Schmerz versinke, ist sicher auch dem herzlichen und unkomplizierten Kontakt mit den Einheimischen zu verdanken. Hier weiß niemand von meinem Schicksal, man behandelt mich ohne Vorsicht und ohne Mitleid. Ich fühle mich befreit, und zum ersten Mal ergreift mich eine unbändige Sehnsucht, ein völlig neues Leben zu starten, auszuwandern, wegzugehen.

TÄTERSCHUTZ

Der Täter sitzt im Zentralgefängnis Lenzburg in Untersuchungshaft. Psychiatrische Gutachten werden in Auftrag gegeben, und schon drei Tage nach seiner Verhaftung wird die Pflichtverteidigerin ernannt. Es ist eine Strafrechtsspezialistin, und sie kündigt an, dass sie ihre Arbeit mit allem Respekt und mit Würde gegenüber den Opfern und den Hinterbliebenen wahrnehmen werde, denen unfassbares Leid angetan worden sei. Aus diesem Grund könne und werde sie den Tatverdächtigen mit dessen Einverständnis im Moment weder in der Öffentlichkeit verteidigen noch ihm als Sprachrohr dienen.

Bis ihm, dem »Tatverdächtigen«, wie der geständige Mörder bis zu seiner rechtskräftigen Verurteilung genannt werden muss, der Prozess gemacht wird, genießt er im Gefängnis eine Art Sonderstatus. Er wird, weil er anfänglich als suizidgefährdet gilt, rund um die Uhr überwacht. Dies veranlasst aufgebrachte Zeitungen dazu, öffentlich vorzurechnen, was allein diese Maßnahme die Steuerzahler kostet, nämlich 50 000 Franken pro Monat.

Bereits ein knappes halbes Jahr später kann er den Sicherheitstrakt verlassen und wird zum gewöhnlichen Häftling, das heißt, er darf wie alle anderen am Kiosk einkaufen, sich in der Gefängnisbibliothek Bücher aussuchen und hat ein Anrecht auf ein TV-Gerät in seiner Zelle. Im Februar 2017 wird er in die psychiatrische Abteilung der Justizvollzugsanstalt Pöschwies in Regensdorf versetzt, wo er als mehrfacher Mörder und Sexualstraftäter vor dem Unmut seiner Mithäftlinge geschützt werden muss und daher in einer Gruppe des Spezialvollzugs platziert wird. Dort gibt es mehr Personal, sodass Veränderungen im sozialen Gefüge der Gefangenen schnell erkannt werden können, so heißt es. Allerdings könne die Spezialbehandlung auch Reize aussenden und den Betroffenen stigmatisieren. Aus diesem Grund werde der Täter so normal wie möglich behandelt. Die kostengünstigere Einzelhaft sei hingegen keine Option, heißt es, weil die Isolation über einen längeren Zeitraum hinweg der Psyche des Mörders abträglich sein könnte.

Bisher habe ich es immer als wichtig und richtig erachtet, dass der Rechtsstaat auch seine Verbrecher nach humanitären Grundsätzen behandelt. Aber jetzt erscheint mir dies ungerecht und sogar absurd. Andererseits ist es mein Wunsch, dass der Täter den Prozess bei guter körperlicher und geistiger Gesundheit erlebt, sodass er die Strafe, die er eines Tages bekommen wird, voll erfassen kann.

Noch immer wird gerätselt, wie die Polizei dem Täter auf die Spur gekommen ist, und wie immer, wenn sich die Ermittlungsbehörden und die Staatsanwaltschaft bedeckt geben, stellen die Journalisten eigene Recherchen an. Einerseits wird die Theorie aufgestellt, dass Hundehaare am Tatort gefunden und am Institut für Rechtsmedizin der Universität Zürich untersucht worden seien. Die Genotypisierung lässt Rückschlüsse auf den Hund oder die Hunde möglicher Verdächtiger zu. Wurde der Täter von jenen Lebewesen überführt, die ihm – so muss ich annehmen – das Liebste waren?

Oder haben die Fahndungsmethoden zum Erfolg geführt, die später kritisiert wurden? Die Staatsanwaltschaft des Kantons Aargau hat von den Netzbetreibern mit dem Einverständnis des Zwangsmaßnahmengerichts und mittels sogenannter Antennensuchläufe Zehntausende von Handynutzern eruiert, die sich zur Tatzeit in der Nähe des Tatorts befanden. Diese Daten mussten später in zeitraubender Arbeit ausgewertet werden. Aus den erstellten Bewegungsprofilen konnte die Zahl der Verdächtigen auf wenige hundert Personen eingegrenzt werden. Solche Antennensuchläufe seien nur erlaubt, wenn gegen eine Person ein konkreter Tatverdacht bestehe, monieren die Kritiker nun. Ansonsten wären auch Unschuldige betroffen, die unter erheblichen Konsequenzen zu leiden hätten, heißt es.

Ich staune über solche Einwände. Erneut denke ich an die durch mich angeregte Ausnahmeregelung im Zusammenhang mit der DNA, die am Tatort sichergestellt worden ist. Hätte man meine Bitte ernst genommen und dieses Material auf zusätzliche Merkmale hin untersucht, wäre die Aufklärung vielleicht früher erfolgt.

Was für eine große Rolle die Zeit spielt, zeigen auch die Vorbereitungen, die der Mörder in den Monaten nach der Tat getätigt hat, um neue Verbrechen zu begehen. Undenkbar, wenn weitere Familien Opfer eines Massakers geworden wären. Beim Entscheid, welche ermittlungstechnischen Maßnahmen zur Aufklärung eines Kapitalverbrechens bewilligt werden oder eben nicht, spielen nicht nur der Datenschutz, sondern auch die anfallenden Kosten eine Rolle, das weiß ich heute. Allein die Ausgaben der Handyermittlungen beliefen sich auf 800 000 Franken.[*] Kanton und Bund streiten bald darüber, wer für diesen Betrag aufkommen soll. Der Regierungsrat muss sich verteidigen und ver-

---

[*] Der Kanton Aargau focht diese 800 000 Franken vor dem Bundesverwaltungsgericht später erfolgreich an.

tritt die Auffassung, dass Kantone mit kleineren Budgets eine solche Maßnahme künftig nicht durchführen sollen, weil sich die Strafverfolgungsbehörden scheuen könnten, die teuren Ermittlungen vorzunehmen, wenn sie über das eigene Budget beglichen werden müssten. Das könnte auch für die Anordnung von Massen-DNA-Tests gelten.

Dass ein Bundesgerichtsentscheid vom Dezember 2014 betreffend DNA-Analysen dazu beiträgt, sogar verdächtige Personen zu schützen, erfahre ich erst sehr viel später. Auch dass dieser Entscheid im Februar 2016, also zwei Monate nachdem Carla, Dion, Davin und Simona ermordet worden sind und der Täter noch nicht gefasst ist, in einem weiteren Urteil noch klarer formuliert wird. Ab sofort gelten für Entnahme und Auswertung von genetischem Material strengere Bedingungen, und selbst wenn ein Tatverdächtiger bereits gefasst ist, ist die DNA-Auswertung nur noch dann erlaubt, wenn erhebliche und konkrete Hinweise auf weitere Taten von einer gewissen Schwere vorliegen.

Die Folgen werden erst im Jahr 2017 mit der Präsentation der schweizerischen Kriminalitätsstatistik bekannt. In manchen Kantonen sind die DNA-Entnahmen bereits massiv gesunken. Der Kommandant der Berner Kantonspolizei kritisiert die restriktive Auslegung. Sie führe dazu, dass manche Straftaten schlicht nicht aufgeklärt werden können. Auch die Aargauer Kantonspolizei, so erfahre ich aus der Zeitung, musste aufgrund des Bundesgerichtsentscheids ihre Praxis sofort ändern. Sie ist zwar nach wie vor befugt, eine DNA-Probe zu nehmen oder zu sichern. Der Entscheid, ob diese auch ausgewertet werden darf, liegt jedoch in jedem einzelnen Fall bei der Staatsanwaltschaft. Das Problem besteht gesamtschweizerisch und liegt in der Auslegung des Gesetzes. Richter und Staatsanwälte können mit ihren Beschlüssen die Aufklärung von Verbrechen beeinflussen und nehmen dadurch in Kauf, dass tatverdächtige Mörder oder Vergewaltiger auf freiem Fuß bleiben.

Die Schweizer Bevölkerung wundert sich, warum bei den Ermittlungen im Vierfachmord von Rupperswil so lange keine Fortschritte erzielt wurden. Aus heutiger Sicht ist es zumindest theoretisch möglich, dass die Konsequenzen der beiden Bundesgerichtsurteile vom Dezember 2014 und Februar 2016 ein effizienteres Vorgehen verhindert haben. So oder so schützen die neuen restriktiven Bestimmungen im Bereich von DNA-Analysen primär weder die Öffentlichkeit noch allfällige neue Opfer, sondern die Täter. Die Befürworter dieser Praxis sind meist auch Gegner von Massen-DNA-Tests, sie argumentieren, dass viele Menschen a priori kriminalisiert würden, wenn sie zur Abgabe einer Probe verpflichtet werden. Natürlich ist es unangenehm, zu einem solchen Verfahren aufgeboten zu werden. Ich bin aber der Überzeugung, dass die meisten Menschen nicht nur im Fall von Rupperswil, sondern auch im Rahmen anderer schwerer Verbrechen bereit wären, auf diese Art an einer Aufklärung mitzuhelfen.

ÜBERWACHT

Draußen riecht es bereits nach Erde und Laub. Ich verbringe das Wochenende am Hallwilersee, bereite unseren Wohnwagen zum ersten Mal ohne Carla für den Winterschlaf vor und tröste mich mit dem Gedanken an den bevorstehenden Abend mit meinem Freund Thomas. Wieder zu Hause, finde ich im Briefkasten die Aufforderung vor, einen eingeschriebenen Brief abzuholen. Dies erledige ich bereits am nächsten Tag, der Poststempel datiert vom 3. Oktober, versendet wurde das Schreiben von der Staatsanwaltschaft.

Normalerweise bin ich nicht schwer von Begriff, doch ähnlich wie Monate zuvor, als mir in knappen Worten mitgeteilt wurde, es habe Festnahmen gegeben, verstehe ich zuerst nicht, was man mich wissen lassen will. Ich muss alles dreimal lesen, ehe ich begreife, dass – im Zusammenhang mit dem mehrfachen Tötungsdelikt von Rupperswil, so heißt es da – eine Strafuntersuchung gegen mich geführt worden sei. Und weiter: Diese Untersuchung werde nach Ablauf der Beweisergänzungsfrist abgeschlossen. Aufgrund der tatsächlichen und rechtlichen Verhältnisse stelle man mir den folgenden Erlass in Aussicht: Einstellungsverfügung. Ich bin ratlos, suche nach einem Fehler – ist der Brief gar nicht für mich gedacht? Doch mein Name samt Adresse steht auf dem Briefkopf, es kann sich also nicht um eine Verwechslung handeln.

Aber eine Strafuntersuchung? Zum Fall Rupperswil, das habe ich verstanden, aber zu welchem Straftatbestand? Dass ich meinen Liebsten nicht helfen konnte? Das Haus zu früh verlassen habe? Als ich den entsprechenden Hinweis endlich finde, muss ich mich setzen: »Mehrfache vorsätzliche Tötung«. Ich bin schockiert. Bin wie gelähmt, ringe nach Atem. Dann vertiefe ich mich in das unter »Beilage« erwähnte Schreiben mit dem Titel »Mitteilung erfolgter Überwachungsmaßnahmen«.

Ich erfahre, dass man mich monatelang observiert hat. Schwarz auf weiß steht da, was ich nicht eine Sekunde lang geahnt habe: Meine Handy-, Mail- und Internetdaten sowie mein Festnetzanschluss wurden rund um die Uhr überwacht. SMS und Mails, die ich schrieb, und alle Telefongespräche, die ich führte, wurden aufgezeichnet und mittels Transkription zu Papier gebracht. Aber damit nicht genug: Ein heimlich angebrachter GPS-Sender an meinem Auto gab darüber Auskunft, wohin ich fuhr und wo ich mich aufhielt, sodass ein Bewegungsprofil von mir erstellt werden konnte. Eine weitere technische Überwachung fand mittels eines sogenannten IMSI-Catchers statt, eines Gerätes, mit dem ich angepeilt wurde, um herauszufinden, ob ich über mehrere Mobiltelefone verfüge.

Warum ich erst fast fünf Monate nach der Festnahme des geständigen Täters von diesen Maßnahmen erfahre, wird mir nicht mitgeteilt.

Meine Befürchtung, andere Menschen aus meinem privaten oder beruflichen Umfeld könnten in die Ermittlungen gegen mich involviert gewesen sein, bestätigt sich wenig später. Der Chef des Rechtsdienstes meiner Arbeitgeberin, der Bank, bittet mich um ein Gespräch. Ich weiß nicht, wer nervöser ist, er oder ich. Ich überlasse das Reden ihm. Er räuspert sich, sagt dann, er und ein technischer Mitarbeiter, den ich ebenfalls sehr gut kenne, seien über die laufenden Ermittlungen informiert gewesen. Sie beide hätten bei der polizeilichen Arbeit mitwirken und absolute Geheimhaltung versprechen müssen. Weiter erfahre ich, dass sich am Neujahrsmorgen 2016, also elf Tage nach der Tat, morgens um acht Uhr vier Polizeibeamte Zutritt zu meinem Büro verschafft hatten, meinen Arbeitsplatz auf den Kopf stellten und sämtliche Unterlagen inspizierten. Alle Daten und jedes einzelne Papier wurden dabei unter die Lupe genommen. Von speziellem Interesse waren die Bewegungen auf meinen Konten, vor allem die Dokumente, die finanzielle Zusammenhänge zwischen mir und Carla aufzeigten.

Die Schweigepflicht bewirkte, dass der Chef des Rechtsdienstes, aber auch der eingeweihte Mitarbeiter der technischen Abteilung – mit beiden hatte und habe ich im Rahmen meiner Arbeit immer wieder Kontakt – niemandem gegenüber auch nur ein Wort verlauten lassen durften, nicht einmal gegenüber der Geschäftsleitung. Ein Glück für mich, denn hätte diese erfahren, dass ich in das Strafverfahren verwickelt war, hätte man mich mit Sicherheit sofort freistellen müssen, was mich zusätzlichen Vorverurteilungen ausgesetzt hätte. Die beiden Involvierten versicherten mir später immer wieder glaubhaft, dass sie keinen Moment lang an meiner Unschuld gezweifelt und die Aktion nicht gutgeheißen hätten. Doch ihnen waren die Hände gebunden – sie mussten den offiziellen Anordnungen Folge leisten.

Die Ermittlungen wurden mit riesigem Aufwand lückenlos und professionell durchgeführt. Wie sehr, wird mir bewusst, als ich Akteneinsicht verlange und vier prall gefüllte Bundesordner vorgelegt bekomme, die akribisch über meinen Alltag und mein Privatleben Auskunft geben. Sie sind fein säuberlich beschriftet. Auf Tausenden dicht beschriebenen Seiten wurde mein Leben bis in die hintersten Winkel durchforstet, und dies auch rückwirkend. Bereits in der Zeit sechs Monate vor der Tat blieb nichts mehr privat, keine SMS und keine Mail, die ich Carla schrieb, und keine ihrer Antworten. Auch alle Gedanken und Gefühle, die ich – vor dem Mitteilungsverbot – im Zusammenhang mit dem Verbrechen meinen engsten Vertrauenspersonen mitteilte, sind analysiert worden. Auf elektronischem Weg hinterlässt man sehr viele Spuren.

Um meine familiären Verhältnisse zu durchleuchten, kontaktieren die Beamten die Gemeindeverwaltung Rupperswil und auch die Gemeinde, in der Mirco lebt. Sämtliche bisherigen Arbeitgeber werden angeschrieben, um allfälligen Konflikten am Arbeitsplatz auf die Spur zu kommen. Bei unzähligen Banken ziehen die ermittelnden Beamten Einkünfte über mögliche diffizile Kundenbeziehungen ein.

Beim Straßenverkehrsamt erfahren sie, dass ich ein Auto besitze und über einen Segelschein verfüge. Sogar mein ehemaliger Segellehrer wird zu meinem Verhalten befragt. Auch beim Militär holt man Auskünfte über mich ein. Und obwohl ich nur selten im Casino bin, werden die Besuche im In- und Ausland systematisch überprüft. Anhand von Personenregistrierungen, die im Spielcasino Baden offenbar sehr lange aufbewahrt werden, analysiert man einen gemeinsamen Besuch von Carla und mir vor vielen Jahren. Alle Bilder, die ich auf meinem Handy abgespeichert habe, werden durch Experten analysiert und die Identitäten der Personen auf den Fotos abgeklärt. Sämtliche von mir geführten Telefongespräche werden transkribiert, alle Kurznachrichten, die ich abgeschickt habe, und auch die Antworten darauf, sind erfasst.

Alle meine in letzter Zeit getätigten Banktransaktionen sind Gegenstand von genauen Untersuchungen, und zwei davon werden offenbar als verdächtig qualifiziert. Einmal bekam ich von Mirco 4000 Franken – für ein Auto, das ich ihm überlassen hatte und das er später verkaufte. Das andere Mal überwies mir ein Freund 1000 Schweizer Franken, damit ich sie für ihn in Euro wechsle. Die Untersuchungsergebnisse führen, wohl zusammen mit den Chatverläufen, in denen Carla und ich Zukunftsfragen erörterten, dazu, dass meine Beschattung fortgesetzt wird.

Dutzende von Menschen aus meinem privaten und geschäftlichen Umfeld werden zu meiner Person befragt und müssen sich mit dem Gedanken auseinandersetzen, dass ich ein Mörder sein könnte. Um die Anfragen zu rechtfertigen, müssen die Behörden eine triftige Erklärung vorbringen. Und ohne dass sie die ungeheuerliche Verdächtigung in irgendeiner Art und Weise relativieren würden, lautet die offizielle Begründung »Dringender Tatverdacht in Sachen Vierfachmord Rupperswil«. Ob Gemeinden, Banken, Arbeitgeber, Segellehrer, das Militär und andere kontaktierte Stellen und Personen später ebenso offiziell und mit klaren Worten über meine Unschuld informiert worden sind, das bezweifle ich.

Ende Oktober 2016 erhalte ich abermals Post von der Staatsanwaltschaft. Die Einstellungsverfügung ist jetzt definitiv, in einem Nebensatz wird erwähnt, dass die anfallenden Verfahrenskosten durch den Kanton getragen werden. Einen Moment lang bin ich versucht, mich dafür zu bedanken, dass ich meine Observierung nicht aus der eigenen Tasche berappen muss – doch dann lasse ich diese ironische Geste bleiben.

Dass alles Erdenkliche versucht worden ist, um den Mörder zu finden, will ich niemandem zum Vorwurf machen, aber das Gefühl, eine gläserne Gestalt gewesen zu sein, hinterlässt einen schalen Nachgeschmack, und ich kämpfe nach wie vor gegen das Gefühl eines Übergriffs an. Vor allem aber versuche ich bis zum heutigen Tag, mit der ungeheuerlichen Tatsache fertigzuwerden, dass man mir zugetraut hat – aus Gründen, die sich mir nach wie vor nicht erschließen –, Carla, Dion, Davin und Simona auf dem Gewissen zu haben. Und dies auch noch Wochen nach der Tat, als ich sicher war, dass man mich als Täter längst ausgeschlossen hatte. Dass die Observation bis März 2016 andauerte, lässt mich noch heute ratlos zurück.

Ein Gedanke holt mich immer wieder ein: Was wäre gewesen, wenn man den Mörder nie gefasst hätte? Hätte man aus den Ermittlungsergebnissen und mangels anderer Möglichkeiten Anklage gegen mich erhoben? Ich werde es nie erfahren.

DIE ERSTE HAUSBEGEHUNG

Auf dem Tisch im Sitzungszimmer an meinem Arbeitsort steht ein festliches Gesteck aus Tannenzweigen. In den Schaufenstern hängen Weihnachtskugeln und Lametta. Am 1. Dezember 2016 darf ich unser Haus im Spitzbirrli-Quartier zum ersten Mal wieder betreten.

Das Siegel an der Tür ist bereits im Sommer entfernt worden. Ich habe mich damals bei der Staatsanwaltschaft informiert, ob ich meinen persönlichen Besitz und Erinnerungsstücke holen dürfe, aber bloß zur Antwort bekommen, dafür sei das Konkursamt zuständig. Aufgrund der erwähnten Schwierigkeiten rund um das Erbe darf ich mein ehemaliges Zuhause weitere Monate nicht betreten. Doch nun soll endlich stattfinden, was ich mir wünsche und wovor ich mich gleichzeitig fürchte.

Ich weiß nicht, ob ich die Kraft finden werde, die Zimmer zu betreten, in denen Carla und die Kinder gelitten haben und gestorben sind. Oft habe ich Tagträume von einem intakten Haus mit uns als gesunden, glücklichen Bewohnern, andererseits existiert auch die Zerstörung im Innern nur in meiner Vorstellung. Ich weiß nicht, ob ich wirklich Gewissheit erhalten will. Ich ringe mit mir. Noch immer auf der Suche nach mehr Klarheit und nach Informationen, die mir vielleicht etwas erzählen, was anderen entgangen ist, entschließe ich mich zu diesem Schritt.

Mit dem zuständigen Beamten des Konkursamtes habe ich nach den vielen Kontakten und Telefonaten ein beinahe kollegiales Verhältnis. Er begleitet mich bei meinem schweren Gang und lässt mich wissen, dass ich Erdgeschoss und Keller beinahe unversehrt vorfinden werde, mich aber auf einen starken Brandgeruch einstellen müsse. Im ersten und zweiten Obergeschoss, meint er weiter, zeige sich die Zerstörung umfassender, aber andere Spuren des Verbrechens seien nicht mehr vorhanden. Er versucht, mich so gut wie möglich vorzubereiten auf das, was auf mich zukommt.

Dann stehen wir an diesem kalten und sonnigen Wintertag vor der Tür, die ich tausendmal auf- und zugemacht habe. Der Schlüssel befindet sich noch immer an einem silbernen Ring, den ich bei mir trage, doch das Schloss ist ausgewechselt worden. Der Beamte schafft Abhilfe, und unvermittelt stehe ich im Eingangsbereich, vor mir die durcheinanderliegenden Turnschuhe der Kinder. Ich trete ins Wohnzimmer. Der Boden ist durch Schuhabdrücke geschwärzt, ein wirres, beängstigendes Muster. An den Wänden und an manchen Möbelstücken sind dunkle Handabdrücke und Fingerspuren erkennbar. Der immerwährende Kalender, ein Holzwürfel mit verstellbaren Zahlen, steht noch immer auf dem Sims des Cheminées. Er zeigt den 21. Dezember an, den Tag, als Carlas, Dions, Davins und Simonas Leben ausgelöscht wurde.

Mit pochendem Herzen betrete ich die Küche. Auf der Ablage liegen glitzernde Weihnachtskarten von Freunden und eine von Carlas unzähligen Lesebrillen. Die Schubladen, die ich nun öffne, präsentieren einen unversehrten Inhalt. Ich entdecke Dinge, die ich zuvor nie beachtet habe, nehme sie in die Hand, möchte sie nicht zurücklegen. Neben dem Kühlschrank stehen die Soft-Getränke der Kinder. In den Vorratskästen lagern Mehl, Zucker, Reis, Teigwaren, Konservendosen, Schokolade.

Ich stoße auf Carlas Rezeptbuch, öffne den schwarzen Buch-
deckel, erkenne ihre Handschrift, und schlagartig wird mir bewusst, dass ich fast ein Jahr lang nicht an diese sanft geschwungenen Buchstaben gedacht habe. An alles meine ich mich erinnert
zu haben: den Schwung von Carlas Augenbrauen; wie sie den
Kopf leicht schräg hielt, wenn sie nachdachte; an ihr Lächeln, das
sich so bereitwillig in ein Lachen verwandeln konnte; ihr Stirn-
runzeln und die angestrengte Mimik, wenn sie sich ärgerte; die
Beschaffenheit ihrer Haut, ihre schönen Hände. An ihre Handschrift hingegen, das wird mir jetzt bewusst, habe ich nie mehr
gedacht, vielleicht weil wir uns im Alltag wenig handschriftliche
Notizen hinterließen und schon gar keine Liebesbriefe schrieben.
Jetzt lese ich Carlas Randbemerkungen zu verschiedensten Rezepten. In meiner Erinnerung durchzieht der Duft von gebrate-
nen Polentaschnitten mit Knoblauch die Küche, von Älpler-
magronen mit Wurststückchen, die die Kinder über alles liebten.
Beides habe ich seit ihrem Tod nie mehr gegessen.

Die oberen Stockwerke. Ich möchte sie nicht sehen, doch der
Konkursbeamte benötigt Angaben zu unserer Hausratsversiche-
rung. Die Ordner befinden sich im ersten Stock, und unter diesem Vorwand schaffe ich es, die Treppen hochzusteigen. Draußen
ist es bereits dunkel geworden, der Brandgeruch ist durchdrin-
gend. Ich trete in unser Schlafzimmer. Das Mobiliar ist teilweise
zerstört, das Bett steht hochgeklappt an der Wand. Auf dem Side-
board entdecke ich die Kaffeetasse, die ich Carla an ihrem Todestag ans Bett gebracht habe. Ich sehe sie vor mir, wie sie die Tasse
an die Lippen hält, den Duft mit geschlossenen Augen einatmet,
in kleinen Schlucken genussvoll trinkt. Der Kuss. Der Abschied.
Für immer. Woran dachte Carla in den letzten Sekunden ihres
Lebens? Welches Bild hatte sie vor Augen? Welches waren ihre
letzten Worte?

Dions Paradies unter dem Dachstock ist entweiht. Davins Zimmer mit dem Fußballfeld-Teppich, den WM-Plakaten und den Ferienbildern an den Wänden wurde durch den Schwelbrand zwar nicht zerstört, aber ich weiß: Hier ist es geschehen.

In zwanzig Jahren wird das Haus im Spitzbirrli-Quartier vielleicht von Menschen bewohnt sein, die Kinder waren, als das Verbrechen geschah. Vielleicht wird unser Haus aber auch abgerissen und neu aufgebaut werden, damit das Vergessen einfacher geht. Das Domizil des Täters steht bereits zum Verkauf. Auf dem Immobilienportal ist zu lesen, dass es 150 Quadratmeter groß und modern eingerichtet sei, die Gegend »ruhig und kinderfreundlich«. Die Bilder zeigen die Dusche, ein Wohnzimmer samt Esstisch, einen ausgebauten, sehr karg eingerichteten Dachstock. Wohl das Reich des Täters, in dem er seine Fantasien zuließ, sie kultivierte und seinen mörderischen Plan organisierte.

Als ich unser ehemaliges Zuhause verlasse, herrscht tiefe Nacht. Ich weiß, dass ich nie mehr an diesen Ort zurückkehren werde und alles, was sich jetzt noch im Haus befindet, in Mulden entsorgt, zermalmt und vernichtet werden wird. Man fragt mich später, warum ich mir die Begehung überhaupt zugemutet habe. Doch nur, wenn ich alles weiß, was es zu wissen gibt, kann ich die bleibenden Lücken akzeptieren und vielleicht meinen Seelenfrieden wiederfinden.

An diesem Konzept der Verarbeitung halte ich bewusst fest, auch wenn es Rückschläge gibt, sich vieles anders entwickelt, als ich es mir vorstelle, und meine Konfrontation mit dem, was passiert ist, auch Irritation auslöst. Der Wille, das Geschehene zu verarbeiten, macht mir deutlich, dass ich irgendwann wieder ein Leben führen möchte, das diesen Namen auch verdient. Doch im

Verlauf dieses Prozesses quäle ich mich immer wieder selbst mit dem Vorwurf, ein Verräter zu sein, weil ich mir die Überwindung des Schicksals nicht mehr nur wünsche, sondern mich auch dementsprechend verhalte. Ich mache drei Schritte nach vorn und zwei zurück, doch ich glaube, zu wissen – und darin liegt ein großer Trost –, Carla würde sich wünschen, dass ich nicht zugrunde gehe. Später schenke ich ihren Eltern eine Kiste mit vielen Fotografien, die ich aus dem Haus mitgenommen habe, und andere Menschen, die Carla und die Kinder wie ich immer lieben werden, bekommen die Erinnerungsstücke, die sie sich gewünscht haben. Und – ich kehre nicht ohne unser kleines, geliebtes Olivenbäumchen heim.

ABSCHEU UND EKEL

Der Dezember wird wohl immer ein schwieriger Monat bleiben. Ich denke an die letztjährige Weihnachtszeit mit Carla und den Kindern zurück: Wir besuchen, was selten vorkommt, meine Eltern, nehmen an einem Firmenanlass teil, sehen Freunde zu einem Fondueessen. Heute erscheinen mir all diese Treffen wie Abschiede von den Menschen, die Carla noch einmal sehen wollte. Mit ihrer Freundin plant sie einen Adventsausflug nach Konstanz, mit Marktständen, Glühwein, Lebkuchen. Sie liebt Weihnachten, und ihr zuliebe bewundere ich die Tannenbäumchen aus Glas, die sie gekauft hat, die holzgeschnitzten Figuren, die Windlichter in allen Farben und Formen, das spezielle Geschenkpapier und die bunten Seidenbänder. Als sie den Weihnachtsbaum entdeckt, den sie dieses Jahr in die Stube stellen will, schreibt sie mir eine SMS. Ich zeige meinen guten Willen, fahre nach Feierabend ins Einkaufszentrum, begutachte das tolle Stück von allen Seiten, und sämtliche Argumente, die Carla vorbringt, um den teuren Kauf zu rechtfertigen, leuchten auch mir ein. Wir wollen den Baum gemeinsam schmücken, in Gold und Rot oder ganz in Blau, ein Ritual seit vielen Jahren.

Jetzt, ein Jahr später, gibt es in meiner provisorischen Bleibe, die ich noch immer mit Mirco teile, nichts Weihnächtliches, und wenn ich unterwegs bin und die blinkenden und glitzernden Dekorationen sehe, fühle ich mich elend. Es ist eine Kulisse, die etwas verspricht, was ich im Moment nicht fühlen kann. Sie bedeutet für mich nur Erinnerung an das, was war.

Dunkle Wolken hängen dieses Jahr über Weihnachten, auch weil bevorsteht, was uns die Staatsanwaltschaft bereits im Herbst angekündigt hat: die Schlusseinvernahme des Mörders. Dabei sollen die Sachverhalte geklärt werden. Vor Abschluss der Untersuchung wird die Staatsanwaltschaft ihm die Möglichkeit geben, zu den Ergebnissen der Untersuchungen Stellung zu beziehen. Erachtet die Staatsanwaltschaft die Untersuchung danach als vollständig, kündigt sie den Parteien schriftlich den weiteren Verlauf an und teilt mit, ob Anklage erhoben oder das Verfahren eingestellt wird. In unserem Fall ist es klar, dass es zu einer Anklage kommen wird. Nicht nur hat die Schweiz noch nie einen dermaßen brutalen Mehrfachmord erlebt, sondern der Täter ist auch, zumindest aus heutiger Sicht, komplett geständig.

Die Schlusseinvernahme wird am Nachmittag des 19. Dezember 2016 stattfinden, also zwei Tage vor dem ersten Jahrestag des Verbrechens. Wir Angehörigen und unsere Anwälte erhalten die Möglichkeit, daran teilzunehmen. Als ich erfahre, dass sich der Mörder – aus Platzgründen – im selben Raum aufhalten wird wie wir, frage ich mich, ob ich diese Konfrontation tatsächlich will, vor allem aber, ob ich das schaffe. Ich ringe abermals mit mir und beschließe in Absprache mit meinem Anwalt, daran teilzunehmen. Ich erhoffe mir die Beantwortung von weiteren Fragen, die mich noch immer quälen. Gleichzeitig bin ich mir bewusst, dass ich unmöglich abschätzen kann, was die direkte Konfrontation mit dem Mörder mit mir machen wird.

Ich erinnere mich an die Bilder, die ich von ihm kenne. Auf einem steht er in Jeans und Sweatshirt und umgebundenem Schal auf einem Trainingsplatz, in jeder Hand eine Trinkflasche. Auf einem anderen sieht man ihn in einem weißen Sweatshirt, mit tief in die Stirn gezogener Strickmütze. Auf einem dritten hat er die Sonnenbrille in die Haare geschoben, ein Arm ist um den Hals eines seiner Hunde gelegt. Seine äußerliche Normalität schockiert mich. Sein wirkliches Wesen, was ihn ausmacht, das bleibt für mich weiterhin ein Rätsel. Er ist zu durchschnittlich, zu belanglos, als dass in ihm ein Monster erkennbar wäre. Erst als ich mich mit den Windungen und der unwegsamen Topografie seiner Persönlichkeit auseinanderzusetzen beginne, erwacht er für mich zum Leben, wird zu einer Kreatur, die ich verachten kann. Mir wird klar, dass ich den Termin der Vorverhandlung auch wahrnehmen werde, um persönliche Eindrücke zu sammeln, sie zu ordnen und abzulegen.

Im Vorfeld versuche ich, mir das Zusammentreffen vorzustellen: Stimme, Blick, Mimik, Körperhaltung. Es wird eine Begegnung werden, die ich fürchte und doch benötige. Warum tue ich mir das an? Um Carla, Dion, Davin und Simona zu vertreten? Um Stärke zu demonstrieren? Um meiner Zerrissenheit und meiner Ratlosigkeit etwas entgegenzuhalten? Ich sage mir, dass ich nicht der Erste bin, der sich einer solchen Gegenüberstellung aussetzt, es gibt Tausende andere, die im Gerichtssaal auf die Peiniger ihrer Töchter, Söhne, Mütter, Väter, ihrer Frauen und Männer, Enkel und Enkelinnen, Schwestern und Brüder trafen, den Blickkontakt suchten oder bewusst vermieden. Manche berichteten danach von der absoluten Leere, die sie in dieser Situation empfunden hätten, andere brachen zusammen oder zogen eine Waffe, betrieben Selbstjustiz und wurden – in den Augen der Justiz – selbst zu Schuldigen.

Die Konfrontation mit dem Täter kann reinigend sein, aber auch beschmutzend, heißt es. Während der Schlusseinvernahme erhält er eine Plattform. Es kommt vor, dass der Täter die Opfer bei dieser Gelegenheit verleumdet, beschuldigt, verhöhnt. Fast ebenso schlimm sollen die leise und schnell geflüsterten Entschuldigungen sein. Andere Mörder sind selbstbewusst: Sie genießen die Aufmerksamkeit und den Auftritt vor viel Publikum, sind hoch konzentriert und berichten kalt und detailreich, wie sich alles zugetragen hat. Sie bleiben keine Antwort schuldig, wollen reden, reden, reden. Um das Gewissen zu erleichtern? Viel eher wohl aus Grausamkeit, vielleicht auch, um die Tat noch einmal zu durchleben, der Fantasie und der Perversion erneut Raum zu geben. Je nachdem ist der Mörder aber auch schweigsam und verstockt, will alles so schnell wie möglich hinter sich bringen. Manch einer ist abgestumpft oder intellektuell eingeschränkt, hat selbst Gewalt, Demütigung und Missbrauch erfahren.

Das wohl schlimmste Gefühl, von dem Angehörige in Kontakt mit jenen berichten, die ihnen das Liebste genommen haben, ist weder Ekel noch abgrundtiefe Abscheu, sondern Ratlosigkeit, die sich während einer solchen Begegnung einnistet und den Hass wegwischt. Wie es in unserem Fall sein wird, weiß ich zu diesem Zeitpunkt nicht, und je näher das Datum rückt, desto unruhiger werde ich. Ich drehe und wende Sätze und Demütigungen, die ich dem vierfachen Mörder ins Gesicht schleudern möchte, und verwerfe sie wieder. Zwischen uns gibt es nichts zu sagen.

Auf der Suche nach Ablenkung gehe ich am Vormittag des 19. Dezember, es ist ein sonniger, aber kalter Wintertag, zur Arbeit. Heftiges Nasenbluten zwingt mich, mein Büro mehrmals zu verlassen. Im Waschraum versuche ich, den Blutstrom zu stoppen und meine Nerven unter Kontrolle zu bringen. Irgendwie schaffe ich beides. Am frühen Nachmittag treffe ich meinen Anwalt, Markus Leimbacher, vor dem Gebäude der Staatsanwaltschaft. Uniformierte Polizisten sind zu sehen. Dicht gefolgt von einem anderen Fahrzeug, fährt wenig später eine dunkle Limousine vor. Ich erhasche einen Blick in das Innere des Wagens, sehe auf der Rückbank eine Person sitzen, deren ungepflegtes Äußeres mir sofort auffällt. Ist das der Täter?

Zusammen mit meinem Anwalt betrete ich das Gebäude. Wir befolgen die Anweisung der Beamten, die Garderobe im unteren Stockwerk für den Sicherheitscheck aufzusuchen. Ähnlich, wie man es von den Kontrollen auf Flughäfen kennt, werden wir abgetastet und mit einem Handscanner geprüft. Offenbar sorgt man sich um die Sicherheit des Täters. Nun, die Vorstellung, ihm ein Messer in den Bauch zu rammen, begleitete mich in einer früheren Phase des Hasses, die ich durchlebte und durchlitt, tatsächlich. Für die Selbstjustiz im Gefängnis zu landen, erschreckte mich damals nicht. Doch heute stehe ich an einem anderen Punkt.

Mein Anwalt bezeichnet die Sicherheitsvorkehrungen als umfangreich, Ähnliches, sagt er, habe er in seiner dreißigjährigen Tätigkeit noch nicht erlebt. Für mich ist klar, dass die Behörden den Täter als hoch gefährdet, weil von vielen gehasst, einstufen und unter allen Umständen garantieren wollen, dass er unversehrt bleibt, damit er zur Rechenschaft gezogen werden kann. Wir verlassen den Raum ohne unser Mobiltelefon, ohne unsere Brieftasche und ohne unsere Schlüssel – all diese persönlichen Gegenstände müssen wir in der Garderobe deponieren.

In einem Vorraum treffen Markus Leimbacher und ich auf die Leitende Staatsanwältin. Sie informiert uns und die anderen Anwesenden, darunter auch mehrere Anwälte, über den Ablauf der Schlusseinvernahme und macht uns darauf aufmerksam, dass wir weiterhin an das Mitteilungsverbot gebunden seien. Danach treten wir in den Saal. Die Stimmung ist zwar ruhig, hat aber etwas

Unheilvolles. Ich erblicke die Pflichtverteidigerin des Täters und die Protokollführerin, Polizisten, darunter auch jener Beamte, der mir ein paar Tage nach dem Verbrechen Carlas Fingerring in einer Plastiktüte überreicht hatte. Dann sehe ich ihn: Äußerlich erinnert nicht mehr viel an den gepflegten Mann, den ich von den Bildern her kenne. Seine Haare sind fettig und strähnig, er trägt einen struppigen Bart, Trainerhosen, Plastikschuhe. Um seine Bewegungsfreiheit einzuschränken, wurde ihm eine Fußfessel umgelegt. Ich schaue ihn an und empfinde im ersten Moment eine absolute Leere. Nur sechs Meter trennen uns physisch voneinander. Er sitzt bereits und ist so platziert worden, dass er uns nicht direkt ansehen muss.

Die Staatsanwältin eröffnet die Sitzung und beginnt, über die Kindheit des Mörders zu sprechen. Immer wieder fordert sie den Täter auf, das Gesagte zu bestätigen, zu berichtigen oder zu ergänzen. Wir bekommen zu hören, dass er schon immer Schwierigkeiten mit dem Lernen hatte und es zu nichts brachte. Seiner Mutter log er vor, ein Studium zu verfolgen, wozu er Zertifikate und Diplome fälschte. Seine Mutter finanzierte ihm also seinen mitunter aufwendigen Lebensunterhalt.

Ich bin wie selbstverständlich davon ausgegangen, dass die Schlusseinvernahme nicht ewig dauern und sich nicht auf Details konzentrieren würde. Diese Annahme erweist sich als riesiger Irrtum. Jetzt wird das Tatmotiv besprochen. Der Ursprung liege darin, dass ihm Davin, der ihm bereits einige Monate vor dem Verbrechen bei einer Zufallsbegegnung aufgefallen war, gefiel. Öfters passte er ihn nun ab, kam zum richtigen Zeitpunkt an Davins Schulweg vorbei, damit sich ihre Wege kreuzten. Der Täter berichtet, dass diese Begegnungen jeweils ein Glücksgefühl bei ihm auslösten und ihm dies vorerst genügte. Später verspürte er aber den Wunsch nach mehr. Und schon bald war er zu allem bereit, um dieses Bedürfnis zu befriedigen. Bereit, für seine Fantasien zu töten, heckte er einen Plan aus und begann, diesen in die Tat umzusetzen. Er stellte Visitenkarten her, die ihn als Schulpsychologen auswiesen, und setzte ein Schreiben auf, das darüber Auskunft gab, dass er Abklärungen in einem Fall von Mobbing an Davins Schule mache.

Am verhängnisvollen Tag spazierte er am frühen Morgen erst mit seinen Hunden an unserem Haus vorbei, um die Lage abzuchecken, und klingelte dann nach halb acht Uhr an unserer Haustür, zeigte Carla, die öffnete, erst die Visitenkarte, dann das fingierte Schreiben. Sein damals gepflegtes Äußeres und die mögliche Verstrickung von Davin in einen Fall von Mobbing bewogen sie dazu, den Fremden einzulassen. Einmal im Haus, bedrohte er Carla und die Kinder mit einem Messer, ließ sie sich gegenseitig fesseln, knebelte alle und nahm ihnen die Handys ab. Carla zwang er wenig später, zur Bank zu fahren. Er »versprach«, es gehe ihm nur um Geld, und verhalte sie sich seinen Anweisungen entsprechend, würde Davin, Dion und Simona nichts geschehen. Zudem log er, sie werde von einem Komplizen beobachtet, der mit ihm in Kontakt stehe, und drohte ihr, dass die Kinder beim ersten falschen Schritt von ihr die vollen Konsequenzen zu tragen hätten.

Als Carla wieder zu Hause war, fesselte er sie erneut. Dann verging er sich an Davin. In dieser Zeit, so erfahre ich, hat es Dion geschafft, sich von seinen Fesseln zu befreien. Doch der verzweifelte Versuch, das Schicksal abzuwenden, scheiterte, denn der Täter stand genau zu diesem Zeitpunkt vor Dions Tür und löschte wenig später auf grausame Weise das Leben von vier Menschen aus. Danach versuchte er, seine Kleidung zu reinigen, das Blut zu beseitigen. Um die Spuren zu verwischen, übergoss er Opfer und

Hausrat mit Brennflüssigkeit, setzte alles in Brand, begab sich nach Hause und stellte sich unter die Dusche.

Aus seinen Erzählungen und den dargelegten Fakten der Staatsanwaltschaft wird für mich zur Gewissheit, was ich längst ahnte: Dass auch Carla im Haus sein und ebenfalls getötet werden würde, war für ihn von Anfang an klar. Doch er nahm auch in Kauf, dass er andere Personen vorfinden würde, die ebenfalls zum Schweigen gebracht werden müssten. Als das dann tatsächlich so war, entschied er sich nicht etwa zum Rückzug, sondern verfolgte kompromisslos seinen Plan. Und offenbar wollte er genau dasselbe wiederholen, denn nach seiner Festnahme fand die Polizei anlässlich der Durchsuchung des Hauses, in dem er wohnte, einen mit Kabelbindern, Schnur, Klebeband und einer alten Armeepistole gepackten Rucksack.

Während dieser Schlusseinvernahme vernehme ich Details, die ich mir in meinen schlimmsten Albträumen nicht vorgestellt habe. Die Staatsanwältin konfrontiert uns mit Tatsachen aus der Rechtsmedizin, die ich aus Respekt vor der Würde der Opfer hier nicht wiedergeben will. Was mich heute noch umtreibt: Der Mörder weiß auf jede noch so furchtbare Frage der Staatsanwältin meist eine Antwort, er erinnert sich an vieles, und was er nicht mehr weiß oder nicht mehr wissen will, quittiert er mit dem Satz: »Das wird so gewesen sein.« Er redet und redet und redet und reißt mit jedem seiner Worte die Wand nieder, die ich zu meinem Schutz aufgebaut hatte.

Spricht der Mörder darüber, was er den Menschen angetan hat, die wir geliebt haben, geschieht dies ohne jegliche Distanz. Ich werde mit seiner Denkweise konfrontiert und staune, wie exakt er formuliert. Ich höre seine Stimme, sehe, wie er sich bewegt, werde mit seiner Körperlichkeit und seiner Energie beschmutzt.

Sehe ihn, sehe seine Hände, sehe, wie seine Finger die fettigen Haarsträhnen aus den Augen wischen, wie sie über seine Wangen streichen. Und weiß jetzt im kleinsten Detail, was diese Hände angerichtet haben. Ich lasse ihn nicht aus den Augen, doch er wagt es während der vier Stunden, die wir im selben Raum verbringen, nicht ein einziges Mal, mich anzublicken. Die versammelten Behördenmitglieder, die Anwälte und Beamten können und müssen die Schilderungen des Täters mit professioneller Distanz verfolgen, direkt Betroffene aber sind seinen Erzählungen gnadenlos ausgeliefert.

Übelkeit quält mich, aber ich schaffe es, gegen den Brechreiz anzukämpfen. Doch ich gehe weit über meine Leidensgrenze hinaus. Kurz bevor die Einvernahme endet, fragt die Staatsanwältin den Täter, ob er noch etwas ergänzen oder anfügen möchte. Es tritt eine Pause ein. Absolute Stille.

Folgt jetzt eine Entschuldigung? Eine Äußerung des Bedauerns? Irgendetwas, das ihn als menschliches Wesen ausweist? Es sind zwei Worte, die die Stille durchbrechen: »Nein, nichts.« Und – ob er Reue verspürt oder nicht, ist tatsächlich irrelevant, denn es hat keinen Einfluss darauf, was er getan hat, und könnte, hätte er sie geäußert, den Schmerz nicht lindern, den er verursacht hat.

Einen Trost gibt mir die Schlusseinvernahme trotz allem: Ich weiß jetzt mit Sicherheit, dass Carla, Dion und Davin nicht im selben Zimmer sterben mussten. Und daher weder Carla den Tod ihrer Kinder noch diese den Tod ihrer Mutter oder des Bruders mitansehen mussten. Dass Simona und Dion im selben Raum umgebracht wurden, ist und bleibt aber eine Tatsache, die genauso schwer zu ertragen ist wie die furchtbare und herzzerreißende Erkenntnis, dass meine große Hoffnung, dass das Leiden nicht allzu lange dauerte, sich nicht erfüllt hat.

Vorstellungen, von denen ich lange Zeit nicht mit Sicherheit wusste, ob sie den Tatsachen entsprachen, ob die Realität vielleicht schlimmer war, vielleicht auch weniger schlimm, wurden nun übermalt, korrigiert, erhielten wie unfertige Bilder letzte Pinselstriche. Würden diese Bilder tatsächlich existieren, könnte ich sie zum Schluss mit einem durchsichtigen Lack überziehen, sie verpacken und einlagern. Und irgendwann gerieten sie vielleicht ein wenig in Vergessenheit. Das hatte ich mir erhofft. Weil die Bilder aber so schrecklich sind, wird mir das nie gelingen.

ERNEUTES SCHWEIGEN

In den Monaten, die der Schlusseinvernahme bis zum Prozessbeginn folgen, darf ich mich niemandem anvertrauen. Was ich bei der Gegenüberstellung mit dem Mörder erlebe, was ich genau erfahre, welche Auswirkungen mit den endlosen und furchtbaren Stunden verbunden sind, muss ich geheim halten: Mitteilungsverbot, schon wieder. Und das bezieht sich wiederum nicht nur auf die Öffentlichkeit, nein, ich darf auch mit meinen engsten Vertrauten nicht reden. Alles, was an Insiderwissen oder an persönlichen Eindrücken und Meinungen zum Fall und insbesondere zum Täter nach außen dringen könnte, birgt unter anderem das Risiko einer Vorverurteilung, was er im Gerichtsverfahren zu seinen Gunsten nutzen könnte. Daher auch das anhaltende Schweigen der Staatsanwaltschaft auf offene Fragen zum Fall. Das Amtsgeheimnis soll unter keinen Umständen verletzt werden, da dies der Verteidigung in die Hände spielen könnte.

Ich weiß, es ist zu kurz gedacht, und doch empfinde ich die vielen Vorteile und Möglichkeiten, von denen ein vierfacher Mörder vor und während des Prozesses profitiert, als ungerecht. Sein Wohl und seine Rechte scheinen grundsätzlich an oberster Stelle zu stehen. Er soll sich im Gefängnis sicher fühlen. Es muss ihm Gerechtigkeit widerfahren, eine Gerechtigkeit, die vielen komplizierten Regeln folgt. Und während der Täter in der Schlusseinvernahme erzählen kann, was er will, unterliegen die Angehörigen dem Mitteilungsverbot. Ob solche Anordnungen mittelfristig oder langfristig deren psychische und physische Gesundheit gefährden, ist kein Thema.

Wir Angehörigen haben viel Unterstützung erfahren durch unser Umfeld, aber von Staates wegen wurde wenig unternommen, dass wir nicht in ein schwarzes Loch fielen. Wir alle hätten professionelle Hilfe benötigt, auch wenn wir auf dem Opferhilfemerkblatt, das uns kurz nach der Tat überreicht wurde, – auf Anraten des anwesenden Polizisten – ankreuzten, dass wir zum jetzigen Zeitpunkt auf eine Weiterleitung unserer Personalien verzichteten und uns allenfalls selbständig mit der kantonalen Opferberatungsstelle in Verbindung setzen würden. Dazu fehlte uns aber in den emotional unendlich anstrengenden Monaten nach dem Gewaltverbrechen schlicht die Kraft. Das heißt nicht, dass wir nicht in der einen oder anderen Weise Beistand benötigt hätten. Wir – insbesondere Rösly und Georges – haben uns in unserem Schmerz und unserer Fassungslosigkeit von professioneller Seite her oft alleingelassen gefühlt.

Meiner Meinung nach liegt die Krux auch im Umstand, dass wir in den ersten 48 Stunden nach dem Unglück sofort von einem Care-Team unter die Fittiche genommen wurden. Die mehrheitlich Freiwilligen sind bestimmt gute Zuhörer, verfügen jedoch nicht alle über den nötigen professionellen Hintergrund, um die schwer traumatisierten Betroffenen adäquat zu betreuen. Ich zum Beispiel wurde am 21. Dezember 2015 noch am Tatort von einem sogenannten Care-Giver angesprochen. Die sehr nette Frau war aufgrund des Verbrechens jedoch selbst derart am Boden zerstört, dass ich mir von ihr keinen Trost erhoffen konnte. Zudem machte es für mich zu diesem frühen Zeitpunkt keinen Sinn, über ein Ereignis zu sprechen, das ich noch gar nicht begriffen hatte.

Wie auch immer: Angehörige von Gewaltopfern haben laut Opferhilfegesetz (OHG) ein Recht auf Beratung und Begleitung durch anerkannte Opferberatungsstellen. Dies sowohl als Soforthilfe als auch längerfristig. Das beinhaltet psychologische, medizinische und juristische Unterstützung. Als ich mich endlich mit dem Thema zu befassen beginne, wird mir klar, wie wichtig eine professionelle psychologische Begleitung gewesen wäre. Die Auseinandersetzung mit der vorerst unfassbaren Wirklichkeit fiel mir lange Zeit extrem schwer. Bei der Rekonstruktion der letzten Woche vor der Tat wäre der Rat von Experten bestimmt hilfreich gewesen, um die Endlosschleifen, in die ich geraten war, zu verhindern und die Visionen, die mich quälten, besser kontrollieren zu können. Gebetsmühlenartig fragte ich mich damals immer wieder, ob ich die Tat hätte verhindern können, wenn ich aufmerksamer gewesen wäre.

Heute glaube ich, dass eine Unterstützung durch Fachleute manche Qualen gelindert und andere Folgen, die mich noch immer belasten, vielleicht sogar verhindert hätte. Auch im Umgang mit gewissen Medienvertretern hätte ich mir eine genauere Vorbereitung auf die vielen Stolpersteine gewünscht, die auf uns zugekommen sind, vor allem aber einen professionellen Schutz, eine Stelle, an die wir uns in Medienfragen hätten wenden können. Ebenfalls hätte ich mir gewünscht, dass die Kirche nach dem Trauergottesdienst von der Polizei bewacht worden wäre. So hätte verhindert werden können, dass eine große Illustrierte später Fotos von der Staffelei mit den Erinnerungsbildern von Carla und den Kindern auf ihr Titelblatt setzte.

Es wäre schön, wenn es aufgrund unserer Erlebnisse in der Opferhilfe zu weiteren Verbesserungen käme. Tatsache ist, dass wir Angehörigen inzwischen von der Beratungsstelle Opferhilfe Aargau Solothurn sehr umsichtig betreut werden.

ERINNERUNGEN VON MIRCO METGER, 21, SOHN VON GEORG METGER

Wie so oft verbrachte ich den Sonntagabend bei Carla und meinem Vater. Wie immer parkierte ich meinen weißen VW Golf am nahen Feldrand. Das Haus ist mir vertraut, seit ich mich in diese Familie integriert habe. Mein Vater, Carla und Davin saßen bereits am großen Esstisch, als ich dazustieß. Dion gesellte sich später dazu. Es war der 20. Dezember 2015, viele Geschäfte waren so kurz vor Weihnachten auch sonntags geöffnet, und so musste er als im Verkauf Tätiger arbeiten. Im Gegenzug hatte er dafür ausnahmsweise am Montag frei. Mein Vater installierte den neuen Raclette-Ofen. Auch an diesem Abend ging es unkompliziert und gemütlich zu und her. Wir lachten, redeten, hatten Spaß miteinander. Ein Teil der Familie lag später auf dem Sofa, die anderen blieben schwatzend am Tisch sitzen. Da ich am nächsten Tag arbeiten musste, machte ich mich gegen 22 Uhr 30 auf den Heimweg. Ich verabschiedete mich, sagte: »Hey, bis bald.« Niemals hätte ich mir träumen lassen, dass ich Dion, Davin und Carla nie mehr wiedersehen würde.

Unsere gemeinsame Geschichte begann rund vier Jahre zuvor. Die Scheidung meiner Eltern war nicht einfach für mich und Fabio, meinen Bruder. Für wen ist es das schon? Es hat volle zwei Jahre gedauert, bis ich mich dazu entschließen konnte, Carla und ihre

Söhne kennen zu lernen. Rückblickend war der Zeitpunkt richtig. Ich fühlte mich herzlich aufgenommen. Carla war mir sympathisch. Sie ließ mir Zeit, war nicht überschwänglich, aber auch nicht zurückhaltend: Gerade richtig, würde ich sagen. An Carla schätzte ich ihre offene und nette Art. Auch viele andere Menschen fühlten sich in ihrer Gesellschaft wohl. In den folgenden vier Jahren war ich jederzeit willkommen, Carla hatte stets ein offenes Ohr für mich, war bei Fragen während meiner Ausbildung für mich da, und auch mit anderen Anliegen durfte ich mich bei ihr melden. Sie hatte ein großes Herz, war fürsorglich und beschützend. Ich mochte aber auch Dion und Davin, den begeisterten Fußballer. Die beiden wurden bald zu meinen Freunden.

Als ich dann den Lernfahrausweis hatte, holte ich Davin zusammen mit meinem Vater häufig in Aarau vom Training ab, und auch als ich das Billett in der Tasche hatte und nicht mehr üben musste, bot ich meine Fahrdienste an. Einmal bat mich Davin darum, ein Video zu schneiden und zu bearbeiten. Es ging um sportliche Aktivitäten, Balltraining und viele damit verbundene Übungen. Ich saß mehrere Stunden an dieser Arbeit, die er am nächsten Tag dann seinem Trainer übergab. Davin war sehr dankbar und schrieb mir eine süße Whatsapp-Nachricht, die ich zum Glück nie gelöscht habe und heute immer wieder lese.

Wir alle funktionierten gut miteinander, verbrachten einfach gern die Zeit zusammen. Auch gemeinsamen Ferien stand nichts im Weg. Einmal reisten wir in die englische Küstenstadt Brighton, um Dion zu besuchen, der dort einen Sprachaufenthalt absolvierte, und mit ihm zusammen seinen achtzehnten Geburtstag zu feiern. Da diese Reise so harmonisch verlief, machten wir später, als Dion wieder zurück war, einen Campingurlaub in der Toskana. Und als mein Kollege und ich später eine Reise nach

Italien unternahmen, trafen wir Carla und meinen Vater, die in Pisa Ferien machten, bei einem Zwischenstopp.

Am Morgen des 21. Dezember 2015 weckte mich mein Handy, und nach der morgendlichen Routine fuhr ich direkt in meinen Ausbildungsbetrieb, der nur drei Autofahrminuten von meinem Zuhause entfernt liegt. Pünktlich um acht Uhr traf ich bei der Arbeit ein. Zu meinen Aufgaben gehörte es damals unter anderem, das Postfach zu leeren und die Einnahmen des Vortages zur Bank zu bringen, was ich auch an diesem Morgen tat. Wenig später war ich zurück, und der normale Tagesablauf konnte beginnen. Wie so oft hatten mein Vater und ich auch an diesem Montag zum Lunch abgemacht. Punkt zwölf Uhr zog ich daher meine Jacke an und stellte das Handy wieder ein, das während der Arbeitszeit ausgeschaltet bleiben musste. Ich sah, dass ich eine Sprachnachricht von ihm bekommen hatte, und hörte sie ab. Papa klang verstört und ließ mich wissen, dass er auf dem Weg nach Rupperswil sei, weil es zu Hause brenne. Ich rief ihn sofort zurück und erreichte ihn auf seinem Handy. Es war ein sehr kurzes Gespräch; er werde sich wieder melden, sobald er mehr wisse, versprach er.

Ich informierte meine Lehrmeisterin, die mir sogleich ihr Handy mit einer Push-Nachricht über den Brand in Rupperswil unter die Augen hielt. Im selben Moment traf eine zweite Push-Meldung ein, die bei mir einen Schock auslöste: Im Haus seien vier Leichen gefunden worden. Ich befürchtete, dass es sich bei den Verstorbenen um Carla, Dion und Davin handelte. Wieder und wieder versuchte ich, meinen Vater zu erreichen, vergeblich. Meine Chefin riet mir, nach Hause zu gehen oder nach Rupperswil zu fahren. Aber ich war in der Zwischenzeit derart in Panik, dass ich mich nicht getraute, selbst zu

162

fahren. Also rief ich meinen besten Freund Ricky an, brachte aber keinen ganzen Satz heraus, wurde immer wieder von Weinkrämpfen geschüttelt. Er verstand, wo ich war und dass ich ihn brauchte, und machte sich sofort auf den Weg zu meinem Arbeitsort.

Bereits kursierten online erste Medienberichte zum Unglück. Ricky packte mich ins Auto, dann fuhren wir nach Rupperswil. Dort herrschte Chaos. Ein Polizist wollte von mir wissen, wer ich sei, und wies mich und meinen Kollegen an, mich zu den Menschen zu gesellen, die zwanzig Meter weiter vorn eine Gruppe gebildet hatten, und dort auf weitere Anweisungen zu warten. Die Frage, wo sich mein Vater befinde, konnte oder wollte er nicht beantworten. Ich hatte große Angst. Die Gruppe stellte sich als ein Pulk von Schaulustigen und Journalisten heraus. Ich tat dann, wie mir geheißen worden war, ich wartete. Obwohl ich seit einem halben Jahr Nichtraucher war, bat ich Ricky um eine Zigarette und paffte danach eine nach der anderen. Ich habe mich noch nie so verloren gefühlt. Dann bemerkte ich eine Frau, die mich mit starrem Blick fixierte. Schließlich hielt sie mir grußlos eine Visitenkarte unter die Nase, die sie als Reporterin auswies, und ließ mich wissen, dass ich gern mit ihr reden könne, wenn ich sprechen wolle. Mein Kumpel schickte sie weg.

Endlich – nach rund einer Stunde, die mir wie eine Ewigkeit erschien – kamen zwei zivile Fahnder auf mich zu und führten mich weg, um eine erste Befragung durchzuführen. Kurz zuvor war mir ein älterer Herr aufgefallen, der offenbar seine Enkelin suchte. Er stellte sich mit dem Nachnamen von Dions Freundin vor, und ab diesem Zeitpunkt vermutete ich, dass es sich bei dem vierten Todesopfer um Simona handeln könnte. Ich wusste, dass sie oft auch noch ganz spontan bei Dion vorbeikam, um bei ihm zu übernachten. Doch eine Bestätigung dieser Vermutung erhielt ich von offizieller Seite nicht. Wie eben auch nicht die Nachricht, dass mein Vater, der sein Handy immer noch nicht abnahm, lebte.

Schließlich – es war gegen 14 Uhr 30 – wurde ich von zwei Polizisten zum Hauptgebäude der Kantonspolizei Aargau begleitet. Sie fragten mich über alle möglichen Dinge aus, die meinen Vater und Carla betrafen. Auch musste ich den Ablauf dieses Montagvormittags genau schildern. Ich hatte das Gefühl, ein Alibi abgeben zu müssen. Dann teilte man mir mit, dass es sich beim Vorgefallenen nicht um einen Unfall, sondern um einen vierfachen Mord handle. Diese Nachricht war Horror und Wahnsinn zugleich. Wie ich später von meinem Vater erfuhr, musste er, genau wie ich auch, seine Kleidung gegen Trainerhosen und Plastikschuhe eintauschen. Auf meine Frage, ob ich ein Verdächtiger sei, antworteten die Polizisten, ich würde einfach als Auskunftsperson behandelt.

Als ich zur Toilette begleitet wurde, erblickte ich meine Mutter, die ebenfalls zu einer polizeilichen Befragung erscheinen musste. Sprechen durfte ich nicht mit ihr. Doch sie rief mir weinend zu, sie sei verhaftet worden. Das machte mich wütend. Meine Fragen, wo mein Vater und mein kleiner Bruder seien, blieben weiterhin unbeantwortet. Die elf Stunden, die ich auf dem Polizeipräsidium verbrachte, erschienen mir wie eine Ewigkeit, und die Ungewissheit war zermürbend. Dass Carla, Dion, Davin und eine vierte Person, von der ich nicht mit Sicherheit wusste, um wen es sich handelte, tot waren, erschien mir unfassbar.

Erst um 1 Uhr 30 in der Nacht traf ich meinen Vater. Ich war erleichtert wie noch nie in meinem Leben und umarmte ihn. Er war am Boden zerstört; so hatte ich ihn noch nie erlebt. Ich hatte Angst, dass der oder die Täter es auf ihn abgesehen haben könnten und zurückkehren würden, um auch noch ihn zu töten. Die Furcht begleitete mich wochenlang, vielleicht war sie auch eine psychische Reaktion darauf, dass so etwas überhaupt geschehen konnte. Dass die Gründe der Tat komplett im Dunkeln blieben, bereitete mir ebenso Mühe wie folgender Gedanke: Was wäre geschehen, wenn ich wie schon einige Male bei Carla und meinem Vater übernachtet hätte, weil es zu spät geworden war und ich nicht mehr nach Hause fahren wollte? Wäre ich dann ein fünftes Mordopfer geworden?

Das Allerschlimmste ist für mich, wie Carla, Dion, Davin und Simona sterben mussten. Dass vier Menschen aus dem Leben gerissen wurden, weil es ein anderer so bestimmt hat, macht mich einfach nur fertig.

In Ruhe trauern konnten wir nicht. Die Zeitungen setzten sich zuerst – wohl in Ermangelung anderer Neuigkeiten – tagelang mit der Frage auseinander, wem wohl der weiße Kleinwagen gehöre, der am Abend des 20. Dezember in der Nähe des Tatortes parkiert war.

Kurz darauf wurde eine schräge Geschichte ausgegraben, die sich im Sommer 2015 zugetragen hatte: Im Quartier, in dem ich lebe, war ein verletzter Marder gesichtet und daher ein Jäger aufgeboten worden, der das Tier erlösen sollte. Der Mann war aber offenbar ungeübt im Umgang mit seiner Schrotflinte, denn er erschoss nicht den Marder, sondern traf eine Fensterscheibe meiner Wohnung. Die Schrotkugeln durchschlugen das Glas und richteten im Innern einen beträchtlichen Schaden an. Kurz darauf stand ein Reporter eines Privatsenders bei mir vor der Tür, um mich zum Vorfall zu befragen. Es wurde ein Filmbeitrag realisiert und ausgestrahlt. Dieser führte zu vielen Reaktionen unter den Zuschauern, die das Verhalten des Jägers anprangerten, worauf in weiteren Sendungen darüber berichtet wurde.

Der Jäger entschuldigte sich im Nachhinein dann doch noch bei mir und übernahm auch die Kosten für den Schaden, den er verursacht hatte. Für mich war die Sache damit erledigt, ich verzichtete in Absprache mit meinem Vater auf eine Anzeige, und wir legten den Vorfall ad acta. Doch der besagte TV-Journalist erinnerte sich nach dem Verbrechen in Rupperswil wieder an den Vorfall und produzierte einen Beitrag, in dem er einen Zusammenhang zwischen dem Jäger und den Morden herstellte. Der Jäger, so seine Aussage, sei in ein Strafverfahren verwickelt worden, bei dem er mit Sicherheit sein Jagdpatent verloren habe. Es könnte also sein, dass er die Familie Schauer aus Rache getötet habe. Ich war sicher, dass er nichts damit zu tun hatte, und er tat mir leid.

Als ich nach dem Trauergottesdienst für Carla, Dion und Davin in Begleitung von zwei Polizisten auf mein Auto zulief, rief mir ein Mann »Hey, Mirco« zu und übergab mir seine Visitenkarte, die ihn als Reporter auswies. Ich habe jede Anfrage von Journalisten abgelehnt, auch die hundert Freundschaftsanfragen auf Facebook, die mich nach dem 21. Dezember erreichten, ein paar von Journalisten. Am Tag nach der Trauerfeier, also am 9. Januar 2016, rächte besagter Reporter sich in seinem Bericht für mein Stillschweigen. Er schrieb, ein junger Mann sei aufgefallen: »M. M. (19), der Sohn des Freundes von Carla Schauer, zeigte sich locker, lachte oft. Obwohl vier Menschen sterben mussten, die er wohl alle gekannt hatte.« Die mich begleitenden Polizisten gaben ebenfalls Anlass zu Spekulationen: »Polizeischutz? Oder wurde er gar observiert?«

Der Bericht machte mich nicht nur wütend, sondern auch sehr traurig. Tagelang überlegte ich, ob ich tatsächlich irgendwann gelacht hatte, und wusste, dass es nicht so gewesen war. Aber das half nichts, ich wurde als herzloser Mensch dargestellt, und unterschwellig lauerte sogar der Vorwurf, ich könnte etwas mit der brutalen Tat zu tun haben. In einer Monate später ausgestrahlten Fernsehsendung diskutierten Fachleute dann zum Thema »Journalismus oder Voyeurismus«. Dabei wurde gesagt, dass bei der Trauerfeierlichkeit niemand von Journalisten angesprochen worden sei, doch ich weiß, dass das nicht stimmt.

Aber nicht nur mein Vater und ich litten unter den Berichterstattungen dieses Journalisten, das zeigt ein großer Artikel vom 15. Dezember 2016 in der renommierten deutschen Wochenzeitung »Die Zeit«. Die Verfasserin hatte sich bei mir über einen Freund gemeldet. Sie wollte genau das thematisieren, was uns so schwer zugesetzt hatte. Ich hatte lange überlegt, ob ich zusagen sollte, mein Vater hatte mir nach unseren Erfahrungen mit den Medien davon abgeraten. Aber es war mir wichtig, mit ihr zu sprechen, ich vertraute ihr. Rückblickend, das bestätigt heute auch mein Vater, war der Entscheid richtig. Ihr erzählen zu können, hat mir Last abgenommen. Sie bezeichnete den Mann als »den gefürchtetsten Kriminalreporter der Schweiz« und schrieb weiter: »Als ihn ›Die Zeit‹ um ein Gespräch bat, verlangte er Bedenkzeit, schlug ein unverbindliches Treffen vor, sagte es wieder ab. Er möchte seine Privatsphäre schützen und die seiner Angehörigen. Er achtet akribisch darauf, dass er im Internet keine Spuren hinterlässt, keine Bilder, keine Adresse. Seine Autonummer ließ er sperren.«

Im Artikel wird klar, dass der Reporter in seiner Hartnäckigkeit auch schon bei anderen Verbrechen zahlreiche Grenzen überschritten hat, Sanktionen aber offenbar immer ausblieben. Die Journalistin befragte Polizisten, Richter, Anwälte, Spitalangestellte und Behörden zu seiner Vorgehensweise, doch was hinter vorgehaltener Hand gesagt wurde, sollte nicht schriftlich festgehalten werden. Einzig die Kantonspolizei Solothurn wagte, so berichtete die zuvor erwähnte Zeitung, offen auszusprechen, wie erstaunt sie immer wieder sei, wie früh er an Informationen gelange und wie detailreich diese seien. Man könne nicht ausschließen, »dass diese über ›ein internes Leck‹ zu ihm sickerten«.

Auch erwähnt wird folgender Vorfall, der sich am Pfingstmontag 2016 ereignete: Es klingelte an meiner Haustür, im Eingang stand der besagte Reporter. Er ließ mich wissen, dass er Ruhe gebe, falls ich ihm ein einziges Gespräch gestatte. Dies veranlasste mich, ihn in mein Wohnzimmer zu bitten. Er verhielt sich nett, geradezu harmlos, erkundigte sich nach meinem Alter, meinem Beruf, und als er zu den ernsthafteren Fragen wechselte, erwähnte er, dass er die Antworten nicht verwenden werde, sondern sich einfach persönlich dafür interessiere. Doch dann bedrängte er mich plötzlich mit furchtbaren Fragen zu den tödlichen Verletzungen jener Menschen, die ich gerngehabt hatte. Ich verweigerte die Antworten und verlangte nun, das Interview vor dem Abdruck lesen zu können. Am Abend las er es mir am Telefon vor. Es waren viele Aussagen darunter, die ich nicht gemacht hatte, und es wurden Themen besprochen, die wir nicht einmal angeschnitten hatten. Mein Vater, dem ich inzwischen von dem Vorfall erzählt hatte, und ich beschlossen, das Interview zurückzuziehen. Dies erwies sich als sehr schwierig, gelang im letzten Moment aber doch noch, da wir – obwohl Pfingstmontag war – dank Freunden einen Medienanwalt erreichen konnten.

Seit dem 13. Mai 2016 wissen wir, wer der Täter ist. Ich kannte ihn nicht, hatte ihn nie getroffen. Kein Wunder: Laut dem Gärtner seiner Familie lebte er beinahe versteckt. Ich kenne allerdings jemanden aus dem Fußballklub, in dem er Juniorentrainer war. Deshalb bekam ich einen Chatverlauf des Klubs zu sehen, in dem der Mörder gefragt wurde, ob er vom Vierfachmord in seiner Wohngemeinde gehört habe. Eine Antwort blieb er schuldig. Niemand – auch nicht jene, die Kontakt zu ihm hatten – konnte ahnen, dass er für diese grauenhafte Tat verantwortlich war.

Was in so einem Menschen vorgeht, entzieht sich meinem Vorstellungsvermögen. Ein Massaker anzurichten und dann weiterzuleben, als wäre nichts geschehen, ist schlicht unvorstellbar. Wie kann man mit einer solch gewaltigen Schuld weiterleben? Das geht doch nur, wenn man kein Gewissen hat. Für mich ist dieser Typ Abschaum. Und doch mussten und müssen wir uns mit ihm befassen.

Zuerst dachte ich, wenn das Verbrechen endlich aufgeklärt wäre, würde mein Leben wieder etwas leichter werden. Das war nicht der Fall. Zwar war die Angst, wenn ich allein zu Hause saß, nicht mehr ganz so groß wie vor der Festnahme des Täters, und ich konnte den Film in meinem Kopf, der kein Ende hatte, ergänzen. Aber zu erfahren, was der Mörder den Menschen angetan hatte, die ich gernhatte, erwies sich als neue Belastung.

Mein Vater ist dem Täter bereits von Angesicht zu Angesicht begegnet. Auch ich möchte ihn sehen, möchte ihm in die Augen schauen. Jetzt, wo ich diese Zeilen schreibe, denke ich, dass ich beim Prozess dabei sein möchte, lasse es aber offen. Und ja, ich möchte diesem absoluten Versager ins Gesicht schreien, was ich von ihm denke. Damit bin ich nicht allein. Es haben sich viele bei mir gemeldet, die einen richtiggehenden Hass auf den

Mörder haben, der so viele Menschen ins Unglück gestürzt hat, und sie haben mir versichert, sie wären zu allem bereit. Ich würde lügen, wenn ich nicht zugeben würde, dass mich solche Aussagen getröstet haben. Aber natürlich weiß ich, dass Gewalt keine Lösung ist, natürlich weiß ich, dass er es nicht wert ist, uns selbst zu Tätern zu machen. Natürlich weiß, nein, hoffe ich zutiefst, dass er seine gerechte Strafe erhalten wird.

Eine Zeit lang wurde offenbar auch ich von der Polizei verdächtigt. Auch mein Handy wurde abgehört. Auch an meinem Auto brachten sie heimlich einen GPS-Sender an. Auch ich wollte wissen, was alles über mich geschrieben worden war, und nahm Akteneinsicht. Dabei kam ich zu Informationen, die mir neu waren, erfuhr, was manche Menschen wirklich über mich denken. Nicht nur Gutes, das hat mich ein wenig enttäuscht. Heute bin ich Menschen gegenüber misstrauischer, und ich bin ängstlich geworden. Noch heute kontrolliere ich, ob die Türen und Fenster auch wirklich geschlossen sind. Und wenn ich im Auto unterwegs bin, beobachte ich, ob mir jemand folgt. Aber die Zeit hilft, sie lindert den Schmerz.

Jeder geht mit einem Schicksalsschlag anders um. Manche reden darüber, andere machen es lieber mit sich selber aus. Ich persönlich habe es als sehr hilfreich empfunden, mich mit den anderen Angehörigen auszutauschen, aber auch zum Haus in Rupperswil zu fahren, einfach dort zu sein, oder an Carlas, Dions und Davins Grab zu gehen.

Mit den Eltern von Carla pflege ich auch heute noch ein gutes Verhältnis. Ich bin genau gleich alt wie ihr verstorbener Enkel Dion. Wir sehen uns immer wieder, und ich helfe ihnen, wo immer ich kann. Letzthin kauften sie einen neuen Laptop, ich richtete ihnen das Gerät ein, wofür sie dankbar waren. Es war für alle Angehörigen sehr hart, aber für Rösly und Georges, für Manuel und für meinen Vater war schlicht unmenschlich, was sie erleiden mussten und noch immer müssen. Mein Vater und ich halfen uns gegenseitig, das war gut. Obwohl meine Junggesellenbude vielleicht nicht gerade ein Wohntraum ist, bot sie uns in der schwersten Zeit Schutz.

Nachdem ich mich einige Zeit zurückgezogen hatte und fast nur noch mit meinem Vater zusammen war, gehe ich inzwischen wieder mit Kollegen aus und treibe sehr viel Sport. Ein großes Glück ist meine Freundin. Ich kenne sie noch nicht so lange, hoffe aber, dass sie immer an meiner Seite bleiben wird. Dieser Gedanke ist tröstlich. Genauso, dass ich mir wieder Gedanken zu meiner Zukunft machen kann. Das war lange Zeit nicht so. Ich war im Moment gefangen. Ich denke noch immer jeden Tag an Carla, Dion, Davin und auch an Simona. Ich sehe mir Bilder von ihnen an und gehe die ehemaligen Chatverläufe mit Davin und Dion durch. Sie sind mir dann ganz nah. Sie fehlen mir sehr.

Das Leben, so hart es klingt, muss trotz allem irgendwie weitergehen. Auch für meinen Vater. Er ist ein Familienmensch, der Alltag mit Carla, Dion und Davin war für ihn ein Lebensinhalt, der ihm geraubt worden ist. Seine Einsamkeit und seine Verzweiflung sind unvorstellbar, er hat es immer noch extrem schwer. Im Moment kann ich es mir zwar nicht vorstellen, aber ich wünsche ihm wirklich, dass er eines Tages wieder eine Frau findet, in die er sich verlieben kann, und wieder glücklich wird. Einerseits kommt mir das wie ein Verrat an Carla vor, aber das habe ich gelernt: Man muss auch an jene denken, die weiterleben, nicht nur an die Verstorbenen.

ZURÜCK VON DEN STERNEN

Als ich zu akzeptieren beginne, dass Carla und die Kinder nie mehr zurückkommen und ich ohne sie weiterleben muss, erscheint mir Carla zum ersten Mal in einem Traum. Sie ist wunderschön, lächelt mich an, sagt: »Ich war so lange weg, doch nun kehre ich zurück. Für immer.« Ich erwache weinend, bin aufgewühlt. Spürt sie, dass ich in ein neues Leben finden muss, weil ich die riesige Lücke, die sie hinterlassen hat, nicht allein schließen kann? Der Gedanke, eines Tages bei jemand anderem meine Sehnsucht nach Nähe und Geborgenheit stillen zu können, bereitet mir Herzschmerz, ich stelle mir Fragen, die mir ungeheuerlich und doch richtig erscheinen: Werde ich irgendwann wieder fähig sein, jemanden zu lieben? Werde ich nicht Carlas und meine Liebe immer als das Ideal empfinden, an dem ich das Neue messen werde? Wird die Trauer über das, was ich nicht mehr habe, die Dankbarkeit überwiegen, wieder glücklich zu sein? Wird eine neue Liebe mir nicht ständig vor Augen führen, was ich für immer verloren habe? Oder wird diese Liebe mir zeigen, dass ich Carla, anders als in meinem nächtlichen Traum erhofft, loslassen muss?

Und so jährt sich der Todestag zum ersten Mal. Ich habe die letzten zwölf Monate überlebt, habe es über einen dunklen und spiegelglatten Abgrund geschafft. Stunden, Tage und Wochen sind ins Land gezogen, von denen ich mir nicht vorstellen konnte, dass ich sie überstehen würde. Noch nie haben Carla und ich uns so lange nicht gesehen, uns nicht berührt, nicht miteinander geredet, nicht zusammen gelacht. Den Sprung in ein Dasein, in dem der Verlust zwar präsent ist, aber nicht mehr alles verschlingend, habe ich noch lange nicht geschafft. Meine Trauerarbeit vergleiche ich rückblickend mit einem Marathonlauf, den ich in drei Streckenabschnitte unterteile. Nach einem Jahr liegen zwei Drittel der Strecke hinter mir. Das jetzt kommende letzte Drittel, so ahne ich, wird sich als das schwierigste erweisen, weil ich durch die zurückliegenden Etappen geschwächt bin und mein Vertrauen in die verbleibende Kraft und die Leidensfähigkeit schwindet, meine Motivation kleiner wird, die Ziellinie zu überschreiten. Weil ich den ersehnten Seelenfrieden vielleicht gar nie finden kann.

Was ich früh bemerkt habe, hat sich bewahrheitet: Das Herz lässt sich nicht überlisten, und je mehr Zeit vergeht, desto größer wird die Sehnsucht. Ich war tapfer, habe mir gut zugeredet, mich abgelenkt. Nun sind 365 Tage verstrichen, und ich will und muss Carla und die Kinder endlich wiedersehen, sehne sie mit jeder Faser herbei und glaube, keine Minute länger warten zu können. Ich zweifle an meinem Gemüt, befürchte einen Zusammenbruch. Ich reiße mich zusammen, bereite mich innerlich auf das Weiterleben nach dem ersten Todestag vor, erhoffe mir von meiner Bereitschaft, alles wissen zu wollen, und dem damit verbundenen Kraftaufwand eine Linderung des Schmerzes.

Aber das Herz hat wenig Sinn für solche Kompromisse. Am dunkelsten Tag klingelt mein Wecker zum genau gleichen Zeitpunkt wie vor einem Jahr. Ich dusche mich, rasiere mich, ziehe mich an. Meine Armbanduhr zeigt im Verlauf des Tages pünktlich die Stunden und Minuten an, und als die Momente da sind, in denen vor genau einem Jahr das Schreckliche geschah, sind sie so unfassbar, als wäre seither keine einzige Sekunde verstrichen. Aber unzählige Freunde, Kollegen, Bekannte und Verwandte melden sich bei mir. Menschen, die mich durch das vergangene Jahr begleiteten, an meiner Seite standen. Sie wünschen mir Kraft, sie denken an mich. Ich bin nicht allein.

Die Einwohnergemeinde will auf eine Gedenkfeier verzichten, aus Rücksicht auf die Opfer und die Angehörigen, wie es heißt. Doch als Pfarrer Christian Bühler, der bereits die Trauerfeier im Januar 2016 geleitet hat, von den Bewohnerinnen und Bewohnern von Rupperswil erfährt, dass es ihnen ein Bedürfnis ist, am ersten Jahrestag der Opfer der Tötungsdelikte zu gedenken, reagiert er sofort.

Die Feier, die er vorbereitet, soll in den Abendstunden stattfinden. Der Pfarrer heißt alle Menschen willkommen, die Carla, Dion, Davin und Simona kannten, und auch all jene, die sich monatelang professionell mit dem Verbrechen befassten, darunter einige Journalisten. Er will einen Anlass gestalten, bei dem die Teilnahme auch Anteilnahme bedeutet, wie er in der Einladung schreibt. Die Kirche ist mit zweihundert Gästen besetzt. Ich erinnere mich an die Worte in der Todesanzeige vor einem Jahr: »Nicht auf Erden suchet uns, von den Sternen leuchten wir.« Auch Simonas Freunde und Bekannte nehmen am ökumenischen Gottesdienst teil, den ein Vertreter der Evangelisch-methodistischen Kirche begleitet. Die großen Veränderungen werden angesprochen, die ein einzelner Mensch so vielen anderen aufgezwungen hat. Ich beneide die Geistlichen nicht, die Worte des Trosts und der Zuversicht finden müssen.

Ich besuche die Feier zusammen mit Rösly, Georges, Manuel, Mirco, Fabio, Freunden und Bekannten. Ihre Anwesenheit tröstet mich. Es hilft mir auch, dass die Zeit in diesem Rahmen langsam und bedächtig abläuft, die Trauer und die Zweifel den Raum und die Ruhe bekommen, die sie benötigen. Und auch in den Worten des Pfarrers finde ich Trost: »Manchmal passiert uns etwas, das wir nicht erklären können, das uns wie ein überraschendes Licht im Dunkel findet. Eine Begegnung. Eine Umarmung. Ein guter Zuhörer. Vielleicht ist es gerade das, was uns wirklich hilft.«

Als breiter, schweigender Strom verlassen wir die Kirche, nachdem wir Kerzen angezündet haben. Ich spüre, dass die Anwesenden Carla, Dion, Davin und Simona niemals vergessen werden. Von der nahen Wiese aus lassen wir vier Himmelslaternen in die Nacht hinausfliegen. Drei von ihnen steigen sofort auf, die vierte bleibt am Boden. Als der Riss im Papier geflickt ist, fliegt sie den anderen mit immer kleiner werdendem Abstand hinterher. Wir blicken den leuchtenden Laternen nach, bis sie nicht mehr zu sehen sind.

DIE STRAFE

Abermals ziehen Monate ins Land. Wir warten auf den Prozess. Wann er stattfinden wird, steht, auch ein Jahr nachdem der Täter gefasst worden ist, noch immer nicht fest. Die Strafuntersuchung dauert an – die Staatsanwaltschaft hat noch keine Anklage erhoben.

Unsere Anwälte stellen in unserem Interesse Ergänzungsanträge wie Schadenersatz- und Genugtuungsansprüche. Kein Geld der Welt bringt einen Menschen je zurück, und bevor ich mich selbst in einer solchen Situation befand, empfand ich es stets als befremdend, wenn im Rahmen von Verbrechen oder Unfällen finanzielle Ansprüche erhoben wurden. Doch jetzt erscheint uns der Umstand, dass der Täter, wenn schon nicht durch sein Gewissen, dann wenigstens mit finanziellen Verpflichtungen bis an sein Lebensende an seine Tat erinnert wird, als angemessene Zusatzbestrafung.

Nicht nur unsere Anträge benötigen Zeit. Offenbar wird auch um die psychiatrischen Gutachten diskutiert. Die Tatsache, dass der Täter nicht vorbestraft sei, mache diese Arbeit bereits im Vorfeld zu einer besonders komplexen Aufgabe, heißt es. Anträge auf Fristverlängerung und Ergänzungsanträge, auch zur psychiatrischen Begutachtung, seien hängig, ist von der Staatsanwaltschaft zu erfahren. Es geht um viel: Es geht um die lebenslängliche Verwahrung.

Diese ist möglich, seit das Schweizer Stimmvolk im Februar 2004 die Verwahrungsinitiative deutlich angenommen hat. Der entsprechende Verfassungsartikel besagt unter anderem, dass extrem gefährliche Gewalt- und Sexualverbrecher mit einem hohen Rückfallrisiko für immer in einer Anstalt leben müssen, wenn ihre Nichttherapierbarkeit durch zwei erfahrene psychiatrische Gutachter bescheinigt wird.

Die Schwere der Tat und die Wahrscheinlichkeit einer Verwahrung müssen nicht zwangsläufig etwas miteinander zu tun haben, denn zwischen dem Tathergang und dem Gesundheitszustand des Täters bestehe keine direkte Korrelation, wird ein forensischer Psychiater auf einer Medienplattform zitiert. Was so viel bedeutet wie: Selbst wenn die Experten zum Schluss kommen, dass der Täter, der vier Leben ausgelöscht und weitere Morde geplant hat, lebenslänglich verwahrt werden sollte, muss der zuständige Richter der psychiatrischen Einschätzung nicht unbedingt folgen. Zudem hebt das Bundesgericht diese härteste Maßnahme des Schweizer Strafgesetzbuches durch eine Vorinstanz auch öfters wieder auf.

Während wir auf den Prozess warten, macht der Fall der getöteten Genfer Sozialtherapeutin Adeline H. erneut Schlagzeilen. Nachdem die Berufungskammer des Genfer Strafgerichts einer Beschwerde des Mörders Fabrice Anthamatten stattgegeben hat und alle Richter wegen Verdachts auf Befangenheit in den Ausstand treten müssen, wird der Prozess 2017 neu aufgerollt. Obwohl der bereits verurteilte Vergewaltiger die Frau auf einem bewilligten Ausflug brutal tötete, ein Verbrechen, das er in monatelangen Fantasien heraufbeschworen und für das er sich ein Messer besorgt hatte, zweifelte man zu diesem Zeitpunkt offenbar tatsächlich daran, dass hinter der Tat eine Planung steckte.

Mitte Mai werden die Gerichtsexperten wie folgt zitiert: Obwohl der Mörder von Adeline H. unter einer pervers-psychopathischen Persönlichkeitsstörung leide, sei er nicht krank und somit voll schuldfähig. Und weiter: Momentan sei Fabrice Anthamatten nicht therapierbar, da er noch nicht realisiert habe, dass er tatsächlich jemanden getötet habe. Eine Psychotherapie beginne erst dann zu greifen, wenn die Person depressiv werde, Albträume und Suizidgedanken entwickle und unter dem zu leiden beginne, was sie getan habe. Es sei wenig wahrscheinlich, dass Anthamatten eines Tages an diesen Punkt gelange. Aber: Die Tür sei nicht ganz geschlossen.

Das Urteil erfolgt am 24. Mai 2017: Der Mörder der jungen Mutter wird als schuldfähig qualifiziert und wegen Mordes, Freiheitsberaubung, sexueller Nötigung und Diebstahls verurteilt. Obwohl die Tat schließlich als vorsätzlich und das Motiv als besonders verwerflich beurteilt werden, entgeht der Täter der lebenslänglichen Verwahrung, weil man auf Besserung hofft. Dass psychopathisch veranlagte Täter geschickte Manipulatoren und Lügner sein können, später geäußerte Reue und Schuld, aber auch die Entwicklungsfähigkeit nichts mit ihren eigentlichen Gefühlen und tatsächlichen Kapazitäten zu tun haben müssen, darüber wird nicht gesprochen.

Anthamattens Rettung liegt im Umstand, dass sich die Gutachter schwertun mit Prognosen, die einer lebenslangen Verwahrung vorangehen müssen. Eine solche kommt nur in Betracht, wenn ein Täter auf Lebzeiten keiner Behandlung zugänglich ist. Dies ist offenbar eine Aussage, die niemand machen will und, wie die Kritiker der lebenslänglichen Verwahrung monieren, im Vorfeld auch niemand machen kann. Würde diese Behauptung tatsächlich stimmen, wäre das Gesetz zur lebenslänglichen Verwahrung nicht anwendbar und müsste als Rohrkrepierer bezeichnet werden. Oder sind die Experten ganz einfach befangen, weil sie ideologisch argumentieren? Sie sagen, eine hundertprozentige Sicherheit gebe es nie und man könne Menschen nicht vorsorglich für immer einsperren. Die Nichttherapierbarkeit auf Lebzeiten laufe dem Grundsatz entgegen, dem Täter Entwicklungsfähigkeit zuzugestehen.

Von den Angehörigen wäre es zu viel verlangt, so zu denken. Ich kann es auf jeden Fall nicht. Meiner Meinung nach hat die Annahme der Verwahrungsinitiative gezeigt, was die Mehrheit der Stimmbürger denkt: Manche Schwerverbrecher haben ihr Recht, ein Mitglied der Gesellschaft zu sein, verwirkt. Für immer. Von den psychiatrischen Gutachten erhoffe ich mir in unserem Fall die Einsicht, dass der Täter sein Verbrechen aus eigener Kraft hätte verhindern können und volle Verantwortung für seine Handlungen und die Planung neuer Morde übernehmen muss. Lebenslängliche Freiheitsstrafe und lebenslängliche Verwahrung ist das Strafmaß, das ich mir für den Täter wünsche. Ich halte ihn für voll zurechnungsfähig, und zwar sowohl vor als auch während der Taten, und werde immer an seiner Entwicklungsfähigkeit zweifeln.

Und noch etwas frage ich mich zum Thema Verwahrung immer wieder: Wenn nicht er, wer sonst? Oder anders gefragt: Was muss einer heute tun, um lebenslang verwahrt zu werden?

DER BRIEF DES TÄTERS

Im August 2017, kurz vor der lang ersehnten Anklageerhebung, erhalte ich ein Schreiben meines Anwalts Markus Leimbacher. Er teilt mir mit, er habe zuhanden verschiedener Angehöriger einen Brief des Täters erhalten, und fragt, ob ich ihn lesen möchte. Was könnte mir der Täter mitteilen, was ich nicht schon weiß? Dass er seine Tat bereut? Nach langem Hin und Her will ich dann aber doch erfahren, welche Überlegungen er sich gemacht hat.

Der Briefumschlag ist unverschlossen, und ich beginne zu lesen, spüre meinen schneller werdenden Herzschlag. Die Zeilen sind mit blauem Kugelschreiber verfasst, ein Datum fehlt ebenso wie eine korrekte Anrede. Der Täter schreibt, die Sache tue ihm leid, er schäme sich dafür. Er spricht von falschen Entscheidungen, davon, dass er eine gute Kindheit gehabt habe. Ich empfinde seine Äußerungen als hochtrabend und distanziert. Floskel reiht sich an Floskel, nichts scheint einem tatsächlichen Gefühl oder einem vertieften Gedanken entsprungen zu sein. Abgeschlossen werden die nichtssagenden Zeilen grußlos, nur gerade mit seinem Vor- und Nachnamen.

Ich bin ratlos, erschüttert, frage mich, weshalb der Täter den Brief erst Monate nach seiner Festnahme verfasst hat. Er hätte bereits bei der Schlusseinvernahme die Möglichkeit gehabt, den Angehörigen in die Augen zu blicken und sich zu entschuldigen.

Ich gehe davon aus, dass seine Pflichtverteidigerin ihm geraten hat, sich mit einem Brief an die Hinterbliebenen zu wenden, und in der Hoffnung, dies könnte ihm eine Strafmilderung einbringen, tat er wie geheißen. Auf eine Anrede verzichtete er vermutlich, weil er allen Angehörigen ein identisches Schreiben zukommen ließ, den Brief einfach ein halbes Dutzend Mal abschrieb.

Doch viel wichtiger ist etwas anderes: Verschiedene Zeitungen haben in den vergangenen Wochen erwähnt, dass der Mörder sein Geständnis zurückgezogen haben könnte. Mit seinem Brief ist diese Möglichkeit jedoch vom Tisch, er übernimmt darin die alleinige Verantwortung für die Tat.

Von Rösly, Georges und Manuel erfahre ich, dass sie den Brief nicht lesen, weil sie dem Täter keinerlei Aufmerksamkeit schenken wollen. Wut ergreift mich. Ich möchte ihn wissen lassen, was ich von ihm halte. Möchte ihm drohen, möchte ihn mit Worten quälen. Doch ich lasse es bleiben. Er ist ein Nichts und wird ein Nichts bleiben.

Später spiele ich mit dem Gedanken, das Schreiben grafologisch begutachten zu lassen, und mache Abklärungen dazu. Als ich jedoch erfahre, dass ein solches Gutachten ohne die Einwilligung des Mörders nicht möglich ist, lasse ich die Idee wieder fallen, die Genugtuung, dass ich mit ihm in Kontakt trete, in welcher Form auch immer, gönne ich ihm nicht.

Anfang September 2017 erhebt die Staatsanwaltschaft Lenzburg-Aarau gegen den Beschuldigten Anklage wegen mehrfachen Mordes, mehrfacher räuberischer Erpressung, mehrfacher Geiselnahme, mehrfacher Freiheitsberaubung, mehrfacher sexueller Handlungen mit einem Kind, mehrfacher sexueller Nötigung, Brandstiftung sowie mehrfacher strafbarer Vorbereitungshandlungen.

Zudem erhebt sie Anklage wegen mehrfacher Pornografie. Auf den diversen beschlagnahmten elektronischen Geräten des Beschuldigten konnten die Untersuchungsbehörden umfangreiches kinderpornografisches Material sicherstellen, das er aus dem Internet heruntergeladen hatte.

In der Medienmitteilung der Staatsanwaltschaft heißt es, die durchgeführten Ermittlungen hätten keine Hinweise ergeben, dass eine Drittperson in die Tat involviert war. Es sei davon auszugehen, dass der Beschuldigte als Einzeltäter gehandelt habe. Weiter heißt es: Die Tatwaffe, ein Küchenmesser, habe nie gefunden werden können, der Täter habe es, in Geschenkpapier eingewickelt, unmittelbar nach dem Verbrechen entsorgt.

Was in unserem Fall die mögliche schnellere Gefangennahme des Mörders verhindert hat – die entsprechende Gesetzeslage –, ist jetzt, im November 2017, dank Albert Vitalis politischem Vorstoß auf dem besten Weg, um endgültig revidiert werden zu können, wie ich einem Artikel der »Neuen Zürcher Zeitung« (NZZ) entnehme. Demnach arbeitet das Fedpol zu diesem Zeitpunkt an einer Gesetzesvorlage, die eine erweiterte DNA-Analyse in der Kriminalistik zulassen würde. Damit wäre es auch möglich, die für die Erbmerkmale verantwortlichen Abschnitte der DNA auszuwerten. Den Ermittlern würde es so möglich, Angaben über gewisse optische Merkmale jener Täter zu machen, die in der DNA-Datenbank »Codis« nicht erfasst sind. Im Fall des bisher unbescholtenen Täters von Rupperswil hätte man diesen möglicherweise über die Beschreibung seiner Augen- oder Haarfarbe verhaften können. Das Fedpol stellt die Vernehmlassungsvorlage für Anfang 2018 in Aussicht, erfahre ich und auch: In Zukunft sollen noch weitere Tätermerkmale aus DNA-Spuren herausgelesen werden können, was die Chancen erhöht, dass in Zukunft bald eine Art Phantombild eines möglichen Täters entstehen könnte. Auf welche Merkmale die DNA überprüft werden darf, ob etwa Aussagen über die kontinentale Herkunft zulässig sein sollen, steht zwar im Bereich der sogenannten Phänotypisierung noch in den Sternen. Dennoch erfüllen mich die Neuigkeiten mit Hoffnung, denn sie werden in anderen Fällen – und bevor neues Unheil angerichtet werden kann – dafür sorgen, dass Gewaltverbrecher hinter Schloss und Riegel kommen.

WARUM?

Die sogenannte Wahrheit ist ein zweischneidiges Schwert, das weiß ich inzwischen. Ich habe ihre Kraft unterschätzt, die neuen schmerzhaften Aspekte, die sie mit sich bringt. Nichts kann derart quälend sein wie die Gewissheit, die eine Geschichte beendet. Ich musste meine eigene Wahrheit finden. Heute ist vieles beantwortet, anderes unwichtig geworden. Doch eine Frage bleibt: Warum hat das Unglück Carla, Dion, Davin und Simona auf so grausame Art treffen müssen, warum hat es überhaupt passieren müssen?

An das Bild des Meteoriten, der aus Millionen von Möglichkeiten zielsicher auf eine Menschengruppe zusteuert, denke ich noch immer. Doch der Erklärungsversuch vom Zufall, vom Schicksal, ist mir in all den Monaten nicht Antwort genug. Ich suche die Gründe überall, auch bei mir selbst, frage mich, ob das Unglück eine Bestrafung sein könnte, verwerfe den Gedanken aber, weil ich nicht an das damit in Verbindung stehende religiöse Prinzip glaube. In der verzweifelten Suche nach einem Sinn hadere ich, finde keine Entlastung und keine Ruhe. Bis ich endlich erkenne: Die Frage nach dem Warum lässt sich wohl nie beantworten.

Dinge zu verinnerlichen, die so brutal mit dem eigenen Glück kollidieren, die derart ungerecht erscheinen und gegen die sich das Herz mit aller Kraft wehrt, entspricht nicht der menschlichen Natur. Die Akzeptanz ist eine freiwillige Entscheidung, die erlitten und erkämpft werden muss. Gibt es eines Tages eine Befreiung, eine Versöhnung mit dem Schicksal? Wenn ich heute an Carla denke und an meine Liebe zu ihr, bin ich nicht mehr nur aufgebracht, nicht mehr nur traurig, nicht mehr nur verzweifelt. Ich finde nun Trost in einem ganz besonderen Umstand: Zwischen uns blieben keine Fragen offen, wir hatten alles geklärt, nichts hinterließ Bitterkeit. Die Zukunft lag zum Zeitpunkt, als sie mir genommen wurde, so glücklich vor uns wie noch nie. Andere Gefühle und Gedanken, die der Versöhnung mit dem Schicksal lange im Weg standen, konnte ich wegschieben. Zum Beispiel den verzweifelten Wunsch, dass sich Carla hätte in Sicherheit bringen können, dass wenigstens sie noch leben könnte. Heute weiß ich, es war richtig, dass auch sie sterben konnte: zusammen mit denen, die sie am meisten liebte. Das bleibt eine schwierige Einsicht.

Die Versuchung, im Unglück irgendeinen Gewinn für mich zu entdecken, halte ich zuerst für absurd, später für einen Verrat und schließlich für eine unnütze Ersatzhandlung. Doch dann erkenne ich darin eine Möglichkeit, überhaupt weitermachen zu können. Heute kann ich die Wiedergutmachungsversuche des Schicksals akzeptieren, weise die kleinen Geschenke nicht mehr ab, die es mir hinwirft, sondern packe sie aus und bin nicht mehr enttäuscht, wenn etwas anderes zum Vorschein kommt, als ich mir erhofft hatte.

Mitten im Trauerprozess, der mich hin und her wirft, mit wenigen guten und vielen schlechten Tagen und lauter widersprüchlichen Gefühlen, auf der Suche nach innerem Frieden und einem neuen Lebensinhalt, lerne ich einen Menschen kennen. Mein Herz, verwundet und in Watte verpackt, reagiert misstrauisch. Wir werden trotzdem Freunde. Sie ist eine gute Zuhörerin. Den 21. Dezember 2015 kennt sie aus den Zeitungen. Sie geht mit einer gewissen Unbeschwertheit auf mich zu, die mir guttut. Mein altes Ich mit seinen großen Ansprüchen an die Liebe und der Bereitschaft, alles zu geben, kennt sie nicht. Dafür weiß sie um die große Lücke in meinem Leben, versteht meine Zurückhaltung, kann mein Misstrauen gegenüber dem Glück, mein Bedürfnis nach dem Alleinsein verstehen. Und sie mag mich trotzdem. Sie bietet mir Verschnaufpausen: von mir selbst. Sie ist ein kleines Licht, auf das ich im letzten Drittel eines langen Tunnels gestoßen bin. Was aus uns wird, steht noch nicht fest, aber es ist ein tröstliches Gefühl, den Rest dieses Weges an einer Hand zu gehen, die Halt bietet und von Tag zu Tag vertrauter wird. Eine Hand, die ich eines Tages vielleicht wieder loslassen werde, vielleicht aber auch nicht.

Ich möchte Rösly und Georges davon erzählen, doch der Mut fehlt mir. Ich fürchte ihre Reaktion, fürchte, ihnen zusätzlichen Schmerz zu bereiten, fürchte, sie könnten mich verurteilen. Als ich es endlich doch wage, reagieren sie mit einem Lächeln und finden Worte, die mir unendlich viel bedeuten: »Wir sind sehr froh für dich.«

21. DEZEMBER 2017

Vor genau zwei Jahren geschah das Unfassbare. Abermals ist der 21. Dezember ein Tag, um Rückschau zu halten, aber auch, um darüber nachzudenken, was uns noch bevorsteht.

In den vergangenen zwölf Monaten versuchte ich, wieder ins Leben zurückzufinden und die im ersten Jahr nach der Tat erlangten Verbesserungen aufrechtzuerhalten. Manchmal klappt das gut, manchmal weniger. Bei der Arbeit ist das Thema heute nicht mehr so präsent, der Alltag hat zum Glück Einzug gehalten. Nur hie und da, zum Beispiel an Anlässen der Bank, fragen mich manchmal Kollegen, wie es mir gehe. Die Angst vor der Antwort ist kleiner geworden, das sehe ich ihnen an. Privat versuche ich, mich mit Ferien, Motorradtouren oder Zusammenkünften mit guten Freunden weiter zu erden. Auch in diesem vertrauten Kreis sprechen wir jetzt seltener über das Gewesene, können über andere Dinge reden und auch wieder zusammen lachen.

Nichts ist mehr so wie zuvor, und dennoch ist manches gut. Ich habe wieder eine gewisse Kontrolle über mich und mein Leben erlangt.

Vor ein paar Wochen erhielt ich von meinem Anwalt die Anklageschrift. All das, was Angehörige über alle Maßen schmerzt, und abermals viele Details, von denen ich trotz intensiver Wahrheitssuche bis anhin nichts wusste, sind aufgeführt. Dass meine Schwiegereltern, die dieses Schreiben von ihrem Anwalt ebenfalls erhielten, den Umschlag in böser Vorahnung nicht öffneten, ersparte ihnen all die Informationen, die ihnen erneut das Herz gebrochen hätten.

Beim Lesen der zahlreichen Seiten geriet meine wiedererlangte Stabilität ins Wanken, denn ich erfuhr dabei auch etwas, das ich bei der Schlusseinvernahme entweder verpasst oder aber der Täter nicht genau erläutert hatte: Als er am 21. Dezember 2015 frühmorgens seine beiden Hunde ausführte und auf dem Rückweg an unserem Haus vorbeigelangte, bemerkte er vor dem Eingang mein parkiertes Auto und entschloss sich, die Tat nicht auszuführen, sondern sie auf einen anderen Tag zu verschieben. Daheim angekommen, überlegte er es sich wieder anders und entschied, den lang gehegten Plan nun doch und in meiner Anwesenheit umzusetzen. Also packte er Kabelbinder, Klebeband und Messer in seinen Rucksack und machte sich erneut auf den Weg ins Spitzbirrli-Quartier. Der Täter sagte aus, dass unsere Wege sich dabei offenbar gekreuzt hätten, da ich in diesem Moment in meinem Auto auf dem Weg zur Arbeit war. Anders, als von mir immer vermutet, hätte er meine Anwesenheit also in Kauf genommen. Heute bin ich überzeugt, wäre ich im Haus gewesen, hätte es ein fünftes Opfer gegeben, denn mit Davin als Geisel hätte auch ich mich seinen Anweisungen gebeugt und das Überleben meiner Lieben nicht gewährleisten können. Der Zufall überließ mich dem Überleben und den tausend Qualen, die damit verbunden sind.

Den zweiten Jahrestag des Verbrechens verbringe ich mit vielen Gedanken an Carla, Dion, Davin und Simona, die ich bereits seit 730 Tagen vermisse. Doch im Gegensatz zum ersten Jahrestag, als mich schreckliche Gedanken plagten, überwiegen nun die schönen Erinnerungen an unsere gemeinsame Zeit. Ich mache etwas früher als gewöhnlich Feierabend und besuche zusammen mit meinem Vater den Friedhof. Am Urnengrab von Carla, Dion und Davin legen wir sachte ein schönes Gesteck mit Kerzen, Sternen und einem Engel ab und platzieren danach auf Simonas Grab ein zweites. Vor etwas weniger als zwei Jahren stand ich anlässlich der Beerdigung ebenfalls hier. Entsetzen ergriff mich damals, als ich die Namen meiner Lieben auf den Gedenktafeln las. Jetzt lese ich die Namen erneut, die unterschiedlichen Geburtsjahre, das gleiche Todesjahr. Ich habe inzwischen akzeptiert, dass es wahr ist – sie kommen nie mehr zurück. Das Ende dauert an. Für immer.

Später besuche ich Rösly und Georges. Manuel ist auch da. Schöne Weihnachten wünschen können wir uns nicht, aber wir haben auf das kommende Jahr angestoßen. Im Wissen, dass es wiederum ein schwieriges werden wird.

Nicht nur wir warten auf den Prozess, der im März 2018 stattfinden wird, auch viele andere Menschen, die ich kenne. Wenn sie mit mir darüber reden, lassen es einige durchblicken, andere äußern es unumwunden: Sie wünschen dem Täter den Tod. Ich selber hoffe einfach, dass ihm die maximale Strafe, die lebenslange Verwahrung also, auferlegt wird. Alles andere ist undenkbar. Denn nochmals: Wenn nicht er, wer dann sonst?

FÜR IMMER

Der letzte Gedanke am Abend, der erste Gedanke am Morgen gehören noch immer Carla, Dion, Davin und Simona. Gleichzeitig finde ich länger werdende Momente der Ruhe. Auch weil ich fast alles weiß, kann ich die bleibenden Lücken akzeptieren und die tiefe Trauer ist der berechtigten Hoffnung gewichen, dass ich eines Tages abschließen kann. Den Verlust sehe ich heute nicht mehr nur als Bedrohung, sondern als Bestandteil meiner Existenz. Er gehört zu mir, so wie Carla und die Kinder zu mir gehören. Für immer. Alte und neue Freunde bereichern mein Leben, das ich nun oft als gut bezeichnen kann. Wenn ich an Carla denke, sehe ich sie nun fast immer strahlend und glücklich vor mir; so wie sie war. Ich denke an Davin, er war ein wunderbares Kind, und an Dion, meinen Freund, und an seine Freundin Simona, die so gerne tanzte. Ich denke an die sechs Jahre unseres gemeinsamen Lebens. Es war so viel größer und bedeutungsvoller als jene zwei Stunden Wahnsinn und Gewalt, über das ich es lange Zeit definierte. Dieser Vergangenheit bin ich es schuldig, dass sie eines Tages ganz aus dem Schatten des Verbrechens treten kann und so in Erinnerung bleibt, wie sie wirklich war: wunderbar und einzigartig.

Georg Metger, im Dezember 2017

IN EIGENER SACHE

Um das Gerichtsverfahren, das im März 2018 stattfand, nicht zu beeinflussen, wurde dieses Buch sehr bewusst erst nach der Urteilsverkündung in Druck gegeben. Das gab Franziska K. Müller, die an der Verhandlung anwesend war, die Gelegenheit, ihre Eindrücke vom Prozess zu schildern und danach ein abschließendes Interview mit Georg Metger zu führen.

Der Verlag

EINDRÜCKE VOM PROZESS

von Franziska K. Müller

Ich betrete einen sakral anmutenden Raum. Die Kanzel verfügt über ein Mikrofon. Die Gemeinde – Angehörige, Journalisten, Zuschauer – hat Platz genommen. Leben und Tod. Schuld und Sühne. Leid und Reue. In diesem Setting ist alles verhandelbar. Es gibt kein Tageslicht, dafür eine riesige Leinwand. Bilder aus der Vergangenheit, sonnig und hell, erleuchten später den Gerichtssaal. Sie zeigen Menschen, die glücklich waren.

Ein Jahrhundertprozess steht bevor. Es ist still. Sehr still. Ohne Handschellen steht der Täter beinahe unvermittelt im Saal. Kein Raunen geht durch die Menge, keine Rufe sind zu hören. Er redet ruhig, mit dunkler Stimme. Er kommt offenbar ohne Beruhigungsmittel aus, kann auch auf Antidepressiva verzichten. Er wird nicht von den Bildern seines Blutrausches verfolgt, er macht, anders als die Angehörigen, keine existenzielle Krise durch. Es geht ihm den Umständen entsprechend. Er erzählt vom Schachspielen, vom Yogakurs, von den Kollegen im Gefängnis, den Einkäufen am Kiosk, der Arbeit, den Gesprächen mit seiner Mutter. Suizid? Kein Thema. Über die Pflichtverteidigerin beklagt er sich später darüber, dass er seine Mahlzeiten mit einem Plastiklöffel essen muss. Er spricht über sich selbst. Angst. Scham. Falsche Entscheidungen. Der sexuelle Missbrauch des Kindes habe ihm keinen

Spaß gemacht. An die zusätzlichen Wunden, die er den Opfern beigebracht hat, bevor er sie tötete, will er sich nicht erinnern. Kälte breitet sich aus. Der Blick des Mörders bleibt gesenkt. Er sieht die Menschen nicht an, deren Leben er mit zerstört hat.

Das Verstörendste, was Angehörigen von Opfern eines schrecklichen Verbrechens während der Konfrontation mit dem Peiniger ihrer Liebsten widerfahren kann, ist, dass ihr Hass durch Mitgefühl weniger wird. Aufgrund von Schilderungen von eigenem Leid und erlittenen Qualen, die Gewaltverbrecher in der Kindheit selbst erfahren haben, oder aufgrund anderer Umstände, die Wahnsinnstaten erklären könnten. Das geschieht in diesem Fall nicht, aber die Begegnung mit dem Täter bringt auch nicht, was sich Väter und Mütter, Lebenspartner, Geschwister und Großeltern am sehnlichsten wünschten: die Gewissheit, dass das Leiden nicht in die Länge gezogen worden ist, dass das Ende schnell stattgefunden hat. Einiges, was in der Anklageschrift steht, basiert ausschließlich auf *seinen* Aussagen, auf *seiner* Wahrheit. Manches wird man nie erfahren. Die Tat und der Täter bleiben unverständlich und unfassbar, weil es das Böse tatsächlich gibt. Der Narzissmus, die Anpassungsstörung, der Autismus bewegen sich nicht im krankhaften Bereich, ein Psychopath sei er nicht, und doch halten ihn die beiden Gutachter für therapierbar. Seine abnormen sexuellen Fantasien, die von anderen kausal mit dem Vierfachmord in Verbindung gebracht werden, nennt einer der beiden »Tagträumereien«.

Tüten mit Gummibärchen und Fruchtriegeln: Zuschauer und Journalisten tauschen Süßigkeiten untereinander aus. Haare werden geordnet, Websites konsultiert. Pizzeria oder Kantine? Der Film am Abend, für den die Zeit vielleicht noch reicht. Tickets müssen reserviert und die Schlagzeilen der verschiedenen Live-Ticker miteinander verglichen werden. »Der Mörder ist pädophil« – »Sogar Anwälte und Polizisten weinen« – »Die Staatsanwältin fordert die lebenslange Verwahrung«. In den Pausen treffe ich Georg Metger und seinen Sohn Mirco, sie mögen nicht reden. Zuvor sprachen die Anwälte der Opferfamilien. Sie erzählten von ihren Mandanten. Von gebrochenen Menschen, von Frauen und Männern, deren Leben nie mehr so sein wird wie zuvor. Die unter Depressionen, posttraumatischen Belastungsstörungen, Selbstzweifeln leiden und ihr Urvertrauen verloren haben, denn – das Schreckliche kann jederzeit (wieder) passieren.

Die Kanzel – offiziell Rednerpult genannt – wird verschoben. Die Verteidigerin trägt, engelsgleich, ein silberfarbenes Jacket und die dunklen Haare schulterlang. Sie sagt: »Tick-tack – sein Pendel geriet aus dem Takt und schlug vehement in eine falsche Richtung aus.« Mit pastoraler Vehemenz will sie aus einem vierfachen Mörder und Sexualstraftäter ein Opfer machen. Reue? Schuld? Sühne? Die Verteidigerin hat andere Pläne. Ihr Mandant, so hat dieser am Tag zuvor bekundet, will in die Gesellschaft zurück, am liebsten so schnell wie möglich. Andere machen im Gefängnis eine Lehre als Schreiner oder als Maler. Er möchte Wirtschaft studieren. Er darf Träume haben, an eine bessere Zukunft denken: Seine Pädophilie hätte er dann im Griff, und er würde auch keine unschuldigen Menschen mehr ermorden, die in der Logik seiner amtlich verpflichteten Erlöserin irgendwie selbst schuld daran sind, dass ihnen das Leben genommen wurde.

Die Zuschauer scharren genervt mit den Füßen, die Opferfamilien sitzen versteinert in den ersten beiden Reihen. »Die Frau ist so klein, selbst wenn sie auf dem Podest steht«, sagt die hinter mir sitzende Dame. Ihr Klient dürfe keinesfalls als potenzieller

Serienkiller gelten, sagt die kleine Frau nun. Die Pistole, die in seinem Rucksack steckte, als er bereits mögliche weitere Opfer auskundschaftete, sei ungeladen gewesen. »Aber in jedem Haushalt gibt es ein Küchenmesser«, konstatiert die Dame hinter mir. Die Verteidigerin muss in den folgenden Stunden einen medialen Shitstorm über sich ergehen lassen, erträgt diesen aber mit der Ruhe einer Märtyrerin.

Sein Leben wird in der Bedeutungslosigkeit erlöschen: Die Richter schicken den Mann, der am 21. Dezember 2015 vier Menschen grausam quälte und tötete, lebenslänglich hinter Gitter und ordnen eine ordentliche Verwahrung an. Der Täter wischt sich eine Träne aus den Augen. Aus Mitleid. Mit sich selbst.

Im Strom der Zuhörer, der Journalisten und Angehörigen verlasse ich nach der Urteilsverkündung den Raum. Polizisten bauen die elektronischen Sicherheitsschleusen ab und die Tische, an denen die Personenkontrollen durchgeführt wurden. Es ist vorbei, und bald wird der temporär hergerichtete Gerichtssaal wieder sein, was er immer war: der Rapportsaal der Kantonspolizei Aargau.

INTERVIEW

Herr Metger, der Prozess ist vorbei, was sagen Sie zum Urteil?
Obwohl ich mir eine lebenslange Verwahrung gewünscht hätte,
bin ich mit dem Urteil zufrieden. Die lebenslängliche Strafe ist
in Kombination mit der zusätzlichen Verwahrung eine Sicherheit,
dass der Täter mit hoher Wahrscheinlichkeit nie mehr in Freiheit
gelangen wird.

Bis zu diesem Urteil lag eine anstrengende Zeit hinter Ihnen.
Wie geht es Ihnen heute?
Die Albträume mit den Tötungshandlungen an Carla, Dion,
Davin und Simona sind weniger geworden, doch die quälenden
Gedanken daran, wie sie leiden mussten, und die Gewissheit, dass
es tatsächlich geschehen ist, bleiben natürlich bestehen. Besonders schwierig war und ist dies an ihren Geburtstagen, während
der Weihnachtszeit und an den Jahrestagen des Verbrechens.
Nachdem das Buchprojekt beinahe beendet war, wir wegen des
Prozesses aber mit der Veröffentlichung warten wollten, um diesen nicht zu beeinflussen, geriet ich gedanklich in eine Leere, die
sich zu depressiven Episoden steigerte. Ich versuchte, mit Ersatz-
handlungen dagegen anzukämpfen: Ferien und Motorradaus-
flüge waren meine Medizin. Heute frage ich mich, ob ich nicht
doch endlich psychologische Hilfe in Anspruch nehmen sollte.

Es gibt immer wieder schwierige Situationen, so auch, als mich der Brief des Täters erreichte. Ich entschied mich, ihn zu lesen, und war erschüttert. Zum Glück hat man auch während des Prozesses erkannt, dass dieses nichtssagende Schreiben ein Schachzug der Verteidigung war.

Wie ging es Ihnen in den Tagen, bevor der Prozess begann?
Ich hatte Probleme mit dem Magen und schlief schlecht. Entsprechend energielos fühlte ich mich zu Prozessbeginn. Zum Glück begleitete mich mein Sohn Mirco, der mir in diesen Tagen eine große Stütze war, ebenso wie die Leiterin der Beratungsstelle Opferhilfe Aargau Solothurn.

Im Vorfeld erhielten Medien und am ersten Verhandlungstag auch die Zuschauer die detaillierte Anklageschrift, die den Angehörigen bereits vor dem Prozess vorlag. Gab es darin Informationen, die Sie schockierten und den Hass auf den Täter neu entfachten?
Ich verfügte schon seit der Schlusseinvernahme vom 19. Dezember 2016 über schreckliches Detailwissen. Das war damals ein Schock. Vor allem, zu erfahren, wie brutal der Täter vorgegangen ist, war extrem belastend. Umso entsetzter war ich, dass die Anklageschrift an die Medien versandt wurde und bei Prozessbeginn allen im Saal Anwesenden ausgehändigt worden war. Ich bin den Journalisten dankbar, dass sie sich im Zitieren dessen, was alles passiert ist, zurückgehalten haben.

Anlässlich der Schlusseinvernahme sind Sie dem Täter das erste Mal begegnet, welchen Eindruck hatten Sie beim zweiten Zusammentreffen, am ersten Prozesstag im aargauischen Schafisheim?
Er hatte sich lediglich äußerlich verändert, indem er gepflegter wirkte. Die langen und damals fettigen Haare trug er nun kurz,

die Kleidung wirkte frisch. Doch seine Gefühlskälte war auch bei der zweiten Begegnung dominant und spürbar.

Bei der Befragung agierte der Mörder geistig beweglich und wusste auf jede prekäre Frage eine scheinbar plausible Antwort, verwickelte sich dann doch in Widersprüche. Was sagen Sie zu seinem Auftritt?
Er hatte sicher genügend Zeit, um sich alles genau zurechtzulegen und sich mit der Verteidigerin abzusprechen. Dennoch oder gerade deshalb wirkten viele seiner Antworten manipulativ und unehrlich. Augenkontakt vermied er. Er musste durch das Gericht richtiggehend aufgefordert werden, die Angehörigen endlich einmal anzusehen. Zweimal trafen sich unsere Blicke kurz – er wich sofort aus.

Bei welchen konkreten Gelegenheiten zeigte sich sein Manipulationsgeschick im Gerichtssaal?
Eigentlich ständig. Sein Versagen ebenso wie die schreckliche Tat sah er als Folge von Umständen, für die er stets Entschuldigungen fand, die er zum Teil geschickt präsentierte. Über anderes jammerte und beschwerte er sich direkt, sodass der Eindruck entstand, es gehe ihm sehr schlecht. Als Zuschauer musste man sich immer wieder vor Augen führen, was dieser Mensch für grauenvolle Verbrechen zu verantworten hat, sonst hätte man Mitleid empfinden können.

Nach mehreren Ermahnungen durch Markus Leimbacher, Ihren Anwalt, hat sich der Täter am Abend des zweiten Verhandlungstages doch noch bei den Opferfamilien entschuldigt. Was halten Sie davon?
Nichts. Diese Entschuldigung entstand unter Druck und ist aus diesem Grund wertlos. Bei der bereits Monate zuvor erfolgten

Schlusseinvernahme wurde er von der Staatsanwältin gefragt, ob er den Anwesenden noch etwas zu sagen habe. Es lag auf der Hand, was erwartet wurde, doch er antwortete kühl und bestimmt: »Nein. Nichts.«

Während des Prozesses berichtete er von seinen Plänen für die Zukunft und über seine damit verbundenen Wünsche. Wie denken Sie darüber?
Es ist unglaublich und für die Angehörigen der blanke Hohn. Jene, die durch seine Hand gestorben sind, hätten das, was er zwischen den Zeilen formuliert hat, auch gern gewollt: ein gutes und erfülltes Leben führen. In Zusammenhang mit seiner Zukunft wurden auch sein Status als vorbildlicher Gefangener erwähnt. Ich erhielt während des Prozesses Einblick in die Qualifikationen, die er von der Anstaltsleitung Pöschwies bekommen hat: nur Bestnoten. Ein Musterschüler. Dies ist bezeichnend dafür, wie er es schafft, einen guten Eindruck zu erwecken, wenn dadurch Vorteile für ihn selbst entstehen.

Vor allem einer der beiden forensischen Psychiater referierte lange zu seinen Begegnungen mit dem Täter, die seinem Gutachten vorangingen. Im Saal entstand der Eindruck, dass er eine gewisse Sympathie für den Täter hegt und als bare Münze wiedergab, was ihm dieser erzählt hatte. Teilen Sie diesen Eindruck?
Ob forensische Psychiater einem manipulativen Täter auf den Leim kriechen können, wurde unter Experten bereits in den Medien diskutiert. Mich irritierte die Aussage des Experten, es handle sich beim Gutachten um eines der wichtigsten seiner Karriere, ebenso störte mich, dass der Täter eine gewisse Faszination auf ihn auszuüben schien.

Die Pädophilie des Täters wurde als treibende Kraft für das Verbrechen hervorgehoben. Auf die Frage, warum er keine Hilfe gesucht hatte, obwohl er seine Neigung kannte, antwortete der Mörder: »Aus Scham.« Ist das eine plausible Erklärung?

Ist die Scham, sich vor einem Psychologen auszusprechen, nicht ungleich kleiner als jene, sich als pädophiler Vierfachmörder öffentlich verantworten zu müssen? Allerdings zweifle ich daran, dass er sich für sein Verbrechen schämt. Einen zermürbten oder gar reuigen Eindruck hinterließ er vor Gericht, zumindest bei mir, zu keiner Zeit.

Geschämt haben will sich der Mörder – so zumindest sagte er es im Prozess – für vieles: für sein Versagen, für seine Pädophilie, dafür, dass er über Jahre hinweg gelogen und betrogen hat, dass er ein Kind sexuell missbraucht und vier Menschen brutal ermordet hat. Aufgrund von Schamgefühlen will er sich auch nicht der Polizei gestellt haben, obwohl er angeblich fast alles unternommen habe, um endlich gefasst zu werden. Glauben Sie ihm?

Kein Wort. Er wollte sich nicht stellen und doch verhaftet werden? Schon das passt nicht zusammen und ist, so wie alles andere, eine Schutzbehauptung.

Erhielten das Leid und die Trauer der Opferfamilien – wie es ein Anwalt forderte – in den Tagen der Verhandlung genügend Raum?

Ich glaube, dass die Ausführungen zum schrecklichen Tathergang dazu geführt haben, dass man das Leid der Angehörigen im Ansatz erahnen kann. Die Staatsanwaltschaft und die Opferanwälte haben dies auch immer wieder erwähnt und beschrieben. So erhielten diese Gefühle tatsächlich Raum. Erschütternd war, dass von der Anwältin des Täters den Opfern eine Mitschuld zugewiesen wurde. Das macht natürlich wütend und traurig.

Nachdem die Staatsanwaltschaft die lebenslange Verwahrung des Täters gefordert hatte, folgte das über dreistündige Plädoyer der Verteidigung: Welche Gefühle löste es aus?

Wir Angehörigen wurden im Vorfeld von unserem Anwalt gewarnt, dass die Verteidigung sicher mit allen Mitteln versuchen würde, ein anderes Bild des Täters zu zeichnen, als es die Staatsanwältin und die Opferanwälte gemacht hatten. Was uns dann aber von der Verteidigung präsentiert wurde, waren nicht Ohrfeigen, es waren Faustschläge. Plötzlich soll Carla mitschuldig sein, weil sie den Täter in die Wohnung gelassen hat, und es wurde ihr vorgeworfen, die Polizei nicht alarmiert zu haben. Dion wurde unterstellt, sein Verhalten sei der Auslöser für die eigene und die Ermordung seiner Mutter, seines Bruders und seiner Freundin gewesen: Hätte er sich nicht befreit, wäre es nicht zu den Tötungen gekommen, so die Verteidigerin. Ihr Plädoyer entsetzte nicht nur die Opferfamilien und die Anwälte, sondern auch das Publikum im Saal und später die Öffentlichkeit. Am liebsten wäre ich aufgestanden und hätte meine Meinung hinausgeschrien. In der Hoffnung, die Richter würden dieses üble Spiel durchschauen, ließ ich es bleiben. Umso erleichterter war ich, als das Urteil gesprochen wurde.

Können Sie nun ein Stück weit abschließen, und mit welchen Wünschen verbinden Sie die Zukunft?

Natürlich findet mit dem Urteil ein Abschluss statt, und doch geht diese Geschichte weiter: wie genau, wissen wir nicht. Für uns Angehörige wünsche ich mir, dass wir zur Ruhe kommen und irgendwann mit dem großen Verlust umgehen können. Und ich wünsche mir, dass man Carla, Davin, Dion und Simona – für immer – in allerbester Erinnerung behalten wird.

DANK

Ich danke allen, die mich in den vergangenen zwei Jahren unterstützt und direkt oder indirekt zur Verwirklichung dieses Buchs beigetragen haben: allen voran Gabriella Baumann-von Arx vom Wörterseh-Verlag, die bereits bei unserem ersten Kontakt zugesagt hat, dieses Projekt mit mir angehen zu wollen.

Mein großer Dank geht an Franziska K. Müller, sie ist eine wunderbare Autorin. Und an meine langjährige Freundin Karin Portmann, mit der ich schon zur Schule ging und die mir den Kontakt zum Verlag ermöglicht hat. Frank Baumann, dem Mann der Verlegerin, danke ich, dass er mir bei Schwierigkeiten im Zusammenhang mit der Boulevardpresse juristischen Beistand ermöglicht hat und mir immer wieder Mut gemacht hat, für meine Rechte einzustehen.

Rösly, Georges, Manuel und die Angehörigen von Simona verdienen meine große Dankbarkeit, denn sie haben sich mir nicht in den Weg gestellt und gaben mir so die Möglichkeit, das Geschehene auf meine Art zu verarbeiten und meine Sicht der Dinge darzulegen. Dankbar bin ich auch meinen Eltern und meinen Söhnen, die immer zu mir gestanden sind und mich in eine neue Zukunft begleiten werden.

Ich danke meinen Freundinnen und Freunden, die keinen Moment an mir zweifelten, Sorge zu mir getragen haben und dies noch immer tun. Und ich danke den vielen Kollegen und unzähligen Bekannten, die mich moralisch unterstützt haben und mir beigestanden sind.

Ein besonderer Dank geht an Dieter, meinen Chef, der sich von der ersten Stunde an als Freund erwiesen hat, es mir überlassen hat, wann und in welcher Art ich in das Geschäftsleben zurückfinden möchte, und mich so von einer großen Last befreit hat. Dankbar bin ich auch meiner Arbeitgeberin, die mich nie als Risiko für die Reputation der Bank gesehen hat. Ohne mein Filialteam wäre vieles ebenfalls unmöglich gewesen. Professionell haben die Kolleginnen und Kollegen in der schwierigen Anfangsphase das Ruder übernommen und das Schiff auf Kurs gehalten.

Danken möchte ich auch meinem Anwalt Markus Leimbacher, der mir von Anfang an und bis heute eine wichtige Ansprechperson war und auch das juristische Lektorat dieses Buches übernommen hat. Und der Leiterin der Opferhilfe Aargau Solothurn Susanne Nielen Gangwisch, sie stand uns Angehörigen im Vorfeld und auch während des Prozesses immer zur Seite.

Mein großer Dank geht auch an meinen guten Freund Christian, der mir von Anfang eine wichtige Stütze war, und an seine beiden Freunde Daniel und Roman. Sie bilden das Trio »Heinz de Specht« und haben in ihrem Song-Video »Nur din Job« das Verhalten der Boulevardjournalisten im Fall Rupperswil kritisch beleuchtet.

Schlussendlich danke ich allen, die mit mir gelitten und mich begleitet haben und dies noch immer tun. Und ganz besonders Manuela. Sie war es, die mir ihre Hand reichte, als es mir schlecht ging. Ich ließ sie bis heute nicht mehr los.

Unsere Bücher finden Sie überall dort,
wo es gute Bücher gibt, und unter
www.woerterseh.ch